JN111303

# イラストマニュアル・
# はじめてのクレー射撃
## ［第2版］

監修：浜村敏弘
協力：公益社団法人日本クレー射撃協会 ほか
著：東雲輝之

秀和システム

# 本書の構成

本書は銃やクレー射撃競技に興味はあるけれど、どうすればよいのかわからない、という方のための手引書です。なるべく難しい表現や専門用語を

## 第0章　はじめてのクレー射撃 Q&A

「クレー射撃を始めたい！」と思っても、いったい何から手を付けていいのかわかりませんよね？　そこで本章では、クレー射撃を始めたいと言う方からよくある質問を、Q&Aでまとめました。本書の内容に入る前に、まず目を通していただければと思います。

## 第1章　クレー射撃を始める準備をしよう！

クレー射撃は"銃"という大変特別な道具を使用するため、色々な準備が必要になります。本章では、クレー射撃を始めるために必要となる、銃の所持について詳しく解説をしていきます。

## 第2章　クレー射撃の準備を始めよう！

散弾銃には色々な種類があり、初めて銃を選ぶ人は迷ってしまうはずです。そこで本章では、散弾銃の選び方をはじめ、クレー射撃に必要な各アイテムについて詳しく見ていきましょう。

避けて、イラストや写真を豊富に使ってわかりやすく解説してありますので、どなたにでも読んでいただけます。

この本を一通り読んでいただければ、銃の所持の仕方から、銃の構造や弾の構造、実際の射撃競技までの全体像が見渡せるようになっています。

## 第3章 クレー射撃を始めよう！

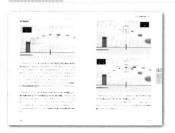

いよいよ待ちに待ったクレー射撃デビューです！　クレー射撃には大きく、トラップ種目とスキート種目の2種類があります。本章ではそれぞれのルールと競技のコツについて詳しく見ていきましょう。

## 第4章 散弾銃をもっと楽しもう！

散弾銃を使用したスポーツは、トラップ種目とスキート種目だけではありません。本章では、射撃スポーツがもっと楽しくなるアクティビティを、トピックスとしてご紹介します。

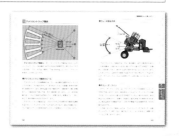

## 巻末資料 散弾銃射撃場一覧

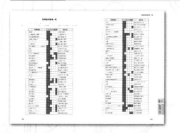

巻末資料として、国内の散弾銃射撃場の一覧を載せておきます。季節によっては長期休業をしている場所もあるので、射撃に行くときは事前に確認をしておきましょう。

# はじめに

　日本でクレー射撃を始めるのは、決して簡単ではありません。なぜなら、日本の銃規制は非常に厳しく、銃を所持するためには公安委員会の厳正な審査を受けて所持許可を得る必要があるからです。所持許可を受けた後も、年に一度の検査や所持許可の更新など、銃を所持し続けることには多大な手間がかかります。

　それでもクレー射撃には、その苦労に見合う魅力があります。大空を飛ぶクレーを爆音と共に粉砕する瞬間は、言葉にできない爽快感があります。また、射撃競技は年齢、性別、障害の有無などに関わらず、誰もが一緒に楽しめる「ユニバーサルスポーツ」としての側面もあるため、シューター同士で年齢や肩書きを超えた交流が生まれるのも大きな魅力の一つです。本書では、そんな魅力あふれるクレー射撃について、銃の所持方法からクレー射撃のルールとコツ、さらには銃を楽しむためのトピックスをご紹介しています。

　もちろん、著者の私自身はクレー射撃の選手というわけではないため、専門性の高いお話をすることはできません。しかし、クレー射撃を始めて日が浅い方や「これからクレー射撃を始めたい」と考えている方へ〝初めの一歩〟をサポートする内容となっています。また、「スマートフォンやガンカメラを使った練習法」といった内容もご紹介しているので、ベテランの方にも参考になる内容が含まれているかと思います。

　クレー射撃初心者・ベテランの方問わず、この本を手に取っていただいた皆様には、銃による事故防止に十分配慮していただき、素敵な射撃ライフを楽しんでいただけるよう、心よりお祈り申し上げます。

2024年5月　著者記す

# 目　次

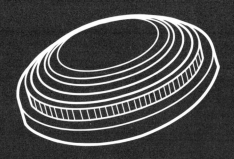

# はじめてのクレー射撃 Q＆A

## 第0章

高速で飛び出す円盤を散弾銃で撃ち落とすクレー射撃は、ダイナミックで魅力にあふれるスポーツです。しかし、「クレー射撃を始めたい！」と思っても、何も知らない人がいきなり始めるには、いったい何から手を付ければいいのかわからないものです。そこで、この章ではクレー射撃を始めたいと考えている方からよくある質問をQ&A形式でまとめました。本書の内容に入る前に、ぜひ目を通していただければと思います。

## Q1 クレー射撃ってどんなスポーツですか？

## A 散弾銃を使って『空飛ぶお皿』を撃つスポーツです！

　クレー射撃は、散弾銃を用いて空中に放り出された円盤（クレー）を撃ち落とすスポーツです。その起源は18世紀頃に遡り、欧州の中流階級貴族の間で「狩猟の練習」として始まったとされており、現在ではオリンピック競技の一つにもなっています。

　クレー射撃の最大の魅力は、高速で飛ぶクレーが「パーン！」と粉々に砕ける瞬間にあります。この快感は、ゴルフでのナイスショットやボーリングでのストライクにも似ていますが、散弾銃という特殊な道具を使用する点で他のスポーツとは一線を画します。散弾銃は本物の「銃」であり、発射時の轟音と衝撃は圧倒的です。その銃で、普通では手も足も出ない『高速で飛んでいく物体』を狙い通りに撃ち落とすことができたときの爽快感は、とても他の経験で得ることはできません。

　また、クレー射撃を楽しむ人々の中には、「クレーが放出される瞬間の緊張感が好き」や「ストイックに自分自身と向き合える感覚が好き」といった声もあります。ぜひ、クレー射撃の中であなたなりの楽しみ方を見つけてみてください！

## Q2 クレー射撃って難しくないですか？

### A 簡単ではないですが、コツを掴めば誰でも当たるようになりますよ！

　クレー射撃では約11cmのクレーが80〜120km/hで飛ぶので、これを撃ち落とすことは「簡単」ではありません。しかし、それが「不可能」であるほど困難なわけでもありません。なぜなら、散弾銃から発射される弾丸は1,200km/hで飛んでいくので、狙いと引鉄を引くタイミングが正確であれば、誰でもクレーを撃破できます。

　クレー射撃で上達するコツは、正しい照準と引鉄を引くタイミングを繰り返し練習し、それが無意識にできるように体に染み込ませることです。皆さんが自転車に乗れるようになったとき、何度も転びながらペダルの踏み方とハンドルの操作を体に覚え込ませたように、クレー射撃でもクレーを何度も外しながら照準と引鉄を引くタイミングを覚えていくことが必要です。

　本書では、自転車でいう「ペダルの踏み方」と「ハンドルの操作方法」に相当する部分を、図解を使ってわかりやすく解説しています。クレー射撃のコツを掴むまでの時間は人それぞれ異なるかもしれませんが、この基本を理解していれば、必要以上に時間を要することはないでしょう。

## Q3 運動神経がよくないんですが、クレー射撃ってできますか？

## A クレー射撃は誰でも楽しめる、ユニバーサルスポーツです！

　すさまじい速さで飛ぶクレーをわずか1秒足らずで撃ち落とすクレー射撃は、〝たぐい稀な運動神経〟が必要そうに思えます。しかし実を言うとクレー射撃には、反射神経や運動神経といったフィジカルの強さは、あまり重要ではありません。クレー射撃に重要なのは、どの方向にクレーが飛んでいくかを見極める空間認識力と、最後まで集中して射撃に取り組む精神力だと言われています。

　これを示す一つの例が、障害を持つ人々が行うパラクレーの存在です。パラクレーは腕や足に障害を持つ人が行う競技ですが、驚くことに、パラクレーのルールは健常者が行うクレー射撃とルールはほとんど変わりません。唯一違うのは義手や義足、車いすなどの補助具に関する決まりであり、点数の付け方やクレーの放出速度など競技に関するルールに違いはありません。クレー射撃は、誰でも同じように競技に参加できる〝ユニバーサルスポーツ〟と呼ばれるように、身体的な優劣がスコアに大きな影響を与えるということはないスポーツなのです。

## Q4 女性でも大丈夫ですか？

## A もちろん！最近は女性シューターも多くなってきてますよ！

　「クレー射撃」という言葉には、どことなく「オジサン臭い」イメージが あるかもしれませんが、近年では若い女性も増えています。実際に、1996 年のアトランタから女子のクレー射撃競技がオリンピックに採用されてお り、続く2000年シドニー、2004年アテネ、2008年北京、2012年ロンドン、 2016年リオデジャネイロ、そして2020年東京と、連続して女子競技が開催 されています。

　女性シューターが増えてきている理由には、先に触れたユニバーサルス ポーツであるという一面があります。男性・女性のどちらでも同じルール の中で楽しむことができるスポーツというのは、実のところそれほど多く はありません。

　またクレー射撃は、比較的服装が自由という理由も女性を引きつける要 因の一つです。クレー射撃は「シューティングベストの着用」と「サンダ ルなどの滑りやすい履物の禁止」といったルールはありますが、基本的に は服装は自由です。そのため近年では、カラフルでデザインのよいシュー ティングベストや銃ケースを持つ女性シューターも増えています。

11

## Q5 散弾銃はどうすれば買えますか？

## A まずは最寄りの警察署で、猟銃等講習会を受講しましょう。

　散弾銃の所持は、ゴルフクラブや野球のバットを購入するように容易にはいきません。当たり前の話ですが、散弾銃は間違った使い方をされると、社会に対して深刻な危害を及ぼす可能性があるため、散弾銃を所持するためには都道府県公安委員会に対して猟銃空気銃の所持許可を申請し、主に次のような〝ハードル〟を越えなければなりません。

　1. 猟銃等講習会初心者講習を受講し、筆記考査にパスする。

　2. クレー射撃の教習を受講し、実技考査にパスする。

　3. 必要書類を揃えての所持許可を申請し、身辺調査等にパスする。

　このハードルの中で特に難しいのが〝筆記考査〟です。難易度は都道府県によって変わりますが、「10人中2，3人しか合格しない」という難関な地域もあります。さらに散弾銃を所持できるようになるまでには、3カ月から半年以上の時間がかかりますし、費用もかなりかかります。これを聞くと「クレー射撃を始めるは大変そう…」と弱気になってしまうかもしれませんが、ご安心ください！本書では散弾銃を所持する方法を一から丁寧に解説しています。

## Q6 クレー射撃を始めるための初期費用は?

## A 色々な費用を込みにして、だいたい25〜40万円ぐらいかかります。

　　クレー射撃を始めるために必要な費用は、まず散弾銃を所持するための費用として、猟銃等講習会、教習射撃、所持許可申請に合計で約8万円必要です。加えて、散弾銃の費用、弾の費用、散弾銃の保管庫の費用、シューティングウェアなどの費用が必要になります。

　　散弾銃の価格には幅がありますが、一般的な新品の中級グレードのものであれば20万円から30万円、中古であれば10万円台から手に入ります。散弾銃を保管するガンロッカーと弾を保管する装弾ロッカーは合計で約5万円。弾は1日に4ラウンド行う場合で約1万円。銃を持ち運ぶためのガンカバーやケース、シューティングウェアなどもろもろの費用に約2万円、散弾銃のメンテナンス用具に約1万円が必要です。

　　以上で総額を出すと、クレー射撃を始めるためには最低でも27万円、少しグレードの高い散弾銃を選んだ場合は40万円から50万円ほどかかる計算になります。この金額が「高い!」と感じるか「手頃だ!」と感じるか…それは個人の金銭感覚によりますが、ゴルフやバイク、カヤックなど「ちょっとお金がかかる趣味」と、費用はだいたい同じだといえます。

## Q7 クレー射撃は一日いくらぐらいかかりますか？

## A 色々な費用を込みにして、だいたい1万3千～2万円ほどです。

　日本におけるクレー射撃は、指定された射撃場、つまりクレー射撃場でのみ行うことが可能です。アメリカのように野外で自由に射撃を楽しむことはできないので注意してください。さて、この点を踏まえてクレー射撃を楽しむためには、「射撃場への入場料」、「プレー料金」、「弾の費用」の3つの費用が必要になります。

　射撃場への入場料は場所によって異なりますが、一般的には700円から2,000円です。この料金は射撃場に到着して受付で支払う一日分の費用です。プレー料金は使用するクレーの枚数によって決まり、1枚あたり約40円です。トラップ競技やスキート競技では、1ラウンドにつき25枚のクレーを使用し、そのための標準的な料金は1,000円になります。この費用は射撃回数に応じて、射撃場を出る際に清算します。弾は個人で用意する必要があり、一般的に1発約80円で、25枚のクレーを撃つ場合の費用は約2,000円です。

　プレーするラウンド数は一日に4から6ラウンド程度を楽しむ人が多いです。したがって、クレー射撃にかかる総費用は、入場料を含めて大体13,000円から20,000円程度となることが一般的です。

## Q8 家に銃を置いておくのは不安があるんですが…

### A 家に置かなくても、銃砲店などに委託保管するという手もあります。

　クレー射撃に興味があるけれども、散弾銃を自宅に保管することに不安を感じている方は少なくありません。確かに、銃を所持することは、適切な管理と責任を伴いますし、特に住環境や家族の意向などによっては、自宅での保管が難しい場合もあるでしょう。しかし、そんな方々には〝委託保管〟というサービスを利用する手があります。

　委託保管とは、銃や弾薬を銃砲店や射撃場などの施設に預けて保管してもらうサービスです。このサービスを活用すれば、自宅に銃を持ち込む必要がなくなります。委託保管は、「銃を自宅に置きたくない」と考える方だけでなく、賃貸住宅での契約上の制限や家族からの反対がある場合の解決策としても選択されています。

　ただし、このサービスを利用するには料金が発生します。料金は施設によって異なりますが、一般的には月額2,000円から4,000円程度が相場です。また、射撃が終わった後に銃を預ける必要があるため、利用する際はその手間を考慮する必要があります。

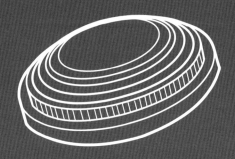

# クレー射撃を始める
# 準備をしよう！

第1章

　クレー射撃に不可欠な散弾銃は、不適切な扱いにより重大な事故

を起こしたり、犯罪に利用される危険性があります。そのため日本

で散弾銃を所持するためには、まず、公安委員会から「銃砲所持許

可」を受ける必要があります。本章では、この銃砲所持許可の取得プ

ロセスについて詳細に解説します。

## 1 クレー射撃をはじめるためには？

　私たちが普段の生活で〝銃〟を目にすることがないのは、日本では銃の所持が厳しく規制されているからです。しかしだからと言って、日本で民間人の銃の所持が完全に禁止されているわけではありません。この節では、日本における銃所持のための制度について説明します。

### ●日本の銃砲所持許可制度

　銃は、誤った使用によって恐ろしい事故や犯罪につながりかねない非常に危険な道具です。そのため日本では、銃砲刀剣類所持等取締法によって、民間人による銃の所持は〝原則として禁止〟されています。

　しかし、全ての銃が一律に禁止されているわけではありません。例えば、建設作業で使用される「鋲打ち銃」や、家畜の屠殺に使われる「屠殺銃」、救命用の「信号銃」などは、一律に所持が禁止されてしまうと社会的に不都合が生じてしまいます。

　そこで日本では、「銃を所持する明確な理由がある」場合に限り、「公安委員会からの許可を受ける」ことで、合法的に「その目的に合った銃」を所持することができる決まりになっています。この決まりのことを銃の**所持許可制度**といいます。

## ●一銃一許可と事前許可のルール

　銃の所持許可は、同じく公安委員会から発行される〝運転免許〟と同じような制度だと勘違いされることが多いですが、この2つはまったく仕組みが違います。

　まず運転免許の場合、免許があれば、その車の所持者が誰であっても問題なく運転できます。車の所持者が家族や友人、まったく知らない人であっても構いません。しかし銃の所持許可は、人ではなく〝その銃〟に適用されます。例えばあなたと別の人が、それぞれ所持許可を受けた銃を持っていたとしても、それを貸し借りしたり、扱わせたりすることはできません。もちろん、その人が親しい友人であったり、家族であっても例外にはなりません。この制度は**一銃一許可**と呼ばれており、所持許可制度の根幹をなすルールになっています。

　また、所持許可制度には**事前許可**という決まりもあります。例えば運転免許の場合、免許を取得する前でも車を購入しておくことはできます。しかし銃の場合は、許可を得る前に銃を購入しておくことはできません。「先に銃を購入し、後から許可を得る」といったことができない点も、銃の所持許可と運転免許の大きな違いになっています。

## ●銃所持の欠格事由

　銃の所持許可制度は「欠格事由」が設けられています。これに当てはまる人は銃の所持許可を受けることができません（**絶対的欠格事由**）。

| 絶対的欠格事由 | |
|---|---|
| 人に関係する事由 | 猟銃は20歳未満、空気銃は18歳未満の者 |
| | 破産手続き開始の決定を受けて復権をしていない者 |
| | 住所の定まらない者 |
| | 総合失調症や、そううつ病など特定の精神障害を持つ者。また、精神障害をもたらして銃の扱いに支障をきたす病気にかかっている者 |
| | 認知症（アルツハイマー病など）である者。または75歳以上で認知症検査を受けない、検査命令に応じない者 |
| | アルコール、あへん、大麻等、薬物中毒の者 |
| | 自分の行為の是非を判別できないと認められる相当の理由がある者 |
| | 他人の生命や公共の安全を害する、もしくは自殺のおそれがあると認められる相当の理由がある者 |
| | 集団的、または常習的に暴力的不法行為、その他の罪に当たる違法な行為を行う可能性があると認められる相当の理由がある者（※暴力団関係者や、反社会勢力に属する人） |
| 犯罪歴に関係する事由 | 「人の生命・身体を害する罪」（例えば殺人罪、傷害罪、強盗罪など）で「罰金刑」に処され、その刑の執行が終わってから5年を経過していない者。その刑が「懲役または禁錮3年以上」の場合は、10年を経過していない者 |
| | 「禁錮刑以上の刑」に処せられて、執行が終わってから5年を経過していない者（※人の生命や身体を害さない罪であっても適用される） |
| | 「人の生命や身体を脅かす罪」、または銃砲刀剣類を使用した凶悪な罪で、3年以上の懲役または禁錮刑以上の刑に処せられて、違法な行為をした日から10年を経過していない者 |

| | |
|---|---|
| | 懲役または禁錮3年以上の「人の生命や身体を脅かす罪」で、「政令に定めるものにあたる違法な行為をした日」から起算して10年を経過していない者（※刑が確定していなくても、犯罪を犯した日から10年は銃所持を受けられない） |
| | DV（ドメスティックバイオレンス）防止法による命令を受けた日から3年を経過していない者 |
| | ストーカー防止法による警告・命令を受けた日から3年を経過していない者 |
| 過去に銃砲の所持許可の取消処分を受けたことに関係する事由 | 過去に銃砲の所持許可を受けていた者で、取消し処分を受けて5年を経過していない者 |
| | 「人の生命や身体を害する罪」または銃砲刀剣類を使った凶悪な罪で「3年以上の懲役や禁錮刑」以上に処され、所持許可を失効した日から10年を経過していない者 |
| | 年少射撃資格の認定を取り消された日から5年を経過しない者。「人の生命や身体を害する罪」で取消された場合は10年 |
| | 所持許可の取り消しの聴聞会の期日、場所が公示された日から、その処分をする日、または処分をしないことを決定する日までの間に、その処分にかかる銃砲を他人に譲渡し、その他自己の意思に基づいて所持しないこととなった日から5年を経過しない者（※行政処分が下る前に銃を手放す〝処分逃れ〟をしようとしても欠格事由になる） |
| 虚偽の申請 | 所持許可の申請書や添付書類に虚偽の記載、または事実を記載しなかった者 |

「状況に応じて所持許可を受けることができる」とする場合もあり、これは**相対的欠格事由**と呼ばれています。

| | |
|---|---|
| 同居者に関係する事由 | 自殺志望者、薬物中毒者、行動の是非を判断できない者など、絶対的欠格事由に該当する人と同居中の者 |

## ●猟銃・空気銃所持許可のフロー

　銃には、拳銃や産業用銃など色々な種類がありますが、クレー射撃用の銃（散弾銃）を所持するためには、銃砲所持許可制度の1種である**猟銃・空気銃所持許可制度**に従って所持許可を申請します。具体的な内容は後に詳しく解説をするので、ここでは各手続きの流れを覚えておいてください。

① 居住地を管轄する警察署の生活安全課へ赴き、猟銃等講習会（初心者講習）の申し込みをする。

② 指定日に猟銃等講習会に参加し筆記考査を受け、初心者講習修了証明書を受け取る。

③ 生活安全課に教習資格認定申請を提出する。

④ 射撃教習を受けるための審査（身辺調査等）を受ける。

⑤ 資格申請が認められたら、教習資格認定証を受け取る。このとき教習に使う弾の購入許可（猟銃用火薬類等譲受許可証）を受け取る。

⑥ 指定された日に射撃場で射撃教習を受講し、実技考査に合格。修了証明書を受け取る。

⑦ 銃砲店などで所持したい散弾銃を選んで譲渡等承諾書を受け取る。

⑧ 必要書類一式をそろえて生活安全課に所持許可申請を提出する。

⑨ ③で受けた身辺調査とほぼ同様の調査を受ける。

⑩ 許可が下りたら猟銃・空気銃所持許可証を受け取り、3カ月以内に⑦で押さえていた銃を引き取る。

⑪ 銃を受け取ってから14日以内に、公安委員会に所持許可証と銃を持って行き、銃の検査を受ける。

　銃を所持してからは、毎年3月から5月ごろに銃砲の検査（一斉検査）が行われます。また、所持許可の有効期限は『所持許可を受けた日から3回目の誕生日まで』となっており、以降もその銃を所持し続けたい場合は『所持許可を受けた日から3回目の誕生日の〝2カ月前から1カ月前〟』までに更新申請を行います。

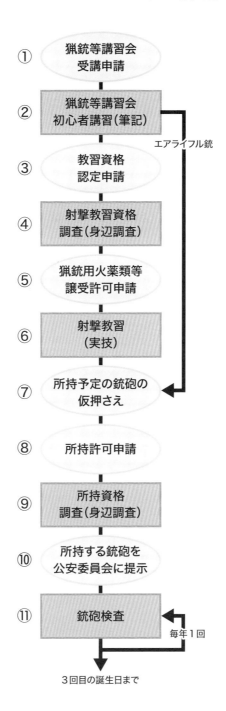

① 猟銃等講習会
受講申請

② 猟銃等講習会
初心者講習（筆記）

エアライフル銃

③ 教習資格
認定申請

④ 射撃教習資格
調査（身辺調査）

⑤ 猟銃用火薬類等
譲受許可申請

⑥ 射撃教習
（実技）

⑦ 所持予定の銃砲の
仮押さえ

⑧ 所持許可申請

⑨ 所持資格
調査（身辺調査）

⑩ 所持する銃砲を
公安委員会に提示

⑪ 銃砲検査

毎年1回

3回目の誕生日まで

1

法律・知識

## 2 猟銃等講習会初心者講習を受講しよう！

　所持許可の第一歩は、居住地を管轄する警察署の生活安全課に**猟銃等講習会初心者講習**の申請をすることです。ここから銃を所持するまでは最短でも半年はかかるので、スケジュールを調整しながら進めましょう。

### ●申請窓口は所轄の生活安全課

　申請は、あなたの住民票が登録されている地区を管轄する警察署にある生活安全課を通じて行います。生活安全課は銃の所持許可だけでなく、地域の治安維持に関わる様々な業務を担当しているため、訪問前には必ず電話で訪問日時を確認し、予約を入れておきましょう。生活安全課へ赴いたら、次の書類を提出します。

1. 猟銃等講習会受講申込書
2. 縦3.0cm、横2.4cmの証明写真1枚
3. 受講手数料 6,800円

### ●猟銃等講習会初心者講習の流れ

　講習は一般的に平日の午前中から夕方まで行われ、右表に示す流れで法律や銃の安全な取り扱いに関する講義があります。

| スケジュール | 内容 |
|---|---|
| 9：00 | 受付 |
| 9：30 〜 11：30 | 銃刀法・火薬類取締法・鳥獣保護管理法に関する講義 |
| 11：30 〜 12：40 | 昼休憩 |
| 12：40 〜 15：00 | 銃の取り扱いに関する講義 |
| 15：15 〜 16：15 | 筆記考査 |
| 16：15 〜 16：45 | 銃取り扱いに関するDVD視聴 |
| 16：45 〜 17：00 | 考査合格者発表 |

1

法律・知識

　講習を終えた後、受講内容の理解を確かめるための考査が行われます。この考査は50問の〇×式で構成されており、合格基準は45点以上です。考査に合格したら、所持許可申請に必要となる**講習修了証明書**という書類が発行されます。

## ●初心者講習の〝考査〟は所持許可の最大の難関

　考査の難易度は公式には「全国で統一されている」とされていますが、実際には都道府県によって大きな差が見られます。一部の地域では合格率が80％に達する一方で、20％以下と極めて低い地域も存在します。不合格の場合は、再度一日かけて講義を受け、考査を再受験しなければならないため、無駄な時間とお金がかかってしまいます。

　そのため、講習を受ける前には、申請時に配布される「猟銃等取扱

読本」を熟読しておきましょう。できれば当社から刊行している対策本の〝予想模試〟を解くなどして、しっかりと準備をしておくことが重要です。

## 3 射撃教習を申請する

　猟銃等講習会の考査に合格した後は、次のステップとして射撃教習の準備に移りましょう。講習修了証明書の有効期限は3年間ですが、その後の手続きのことも踏まえて、少なくとも有効期限の2～3カ月前には射撃教習を完了させる計画を立ててください。

### ●射撃教習資格申請に必要な書類

　**教習射撃を受けるための教習資格認定**の申請は講習会の申請と同じく、所轄の生活安全課で以下の書類を提出します。

1. **講習修了証明書**
2. **教習資格認定申請書**
3. **経歴書**
4. **同居親族書**
5. **医師の診断書**
6. **住民票**
7. **身分証明書**
8. **縦3.0cm、横2.4cmの証明写真1枚**

　2，3，4，5の書類は、警察署のホームページからダウンロードするか、生活安全課で直接用紙を受け取っておきましょう。

　5の医師の診断書は、あなたが精神病や薬物中毒ではないことを証明する書類で、「精神保健指定医、または、かかりつけの医師（歯科医師を除く）」に書いてもらいます。費用は病院により異なりますが、だいたい2,000円～5,000円が相場のようです。まれに高額な診断料を請求してくるところもあるので、いくつか病院を探して費用を聞いておきましょう。

　6の住民票は居住地を管轄する役場で入手します。

　7の身分証明書は「破産手続開始の決定を受けて復権を得ない者に該当しない旨の市（区）町村長の証明書」と呼ばれる書類で、〝本籍地〟の市区町村の役所から発行されます。もし本籍地と居住地が異なる場合は郵送での請求が必要となるので、注意してください。

## ●身辺調査では犯罪歴や素行が調べられる

| 面談内容の一例 |
| --- |
| 自分はどんな性格をしているか？ |
| どんな仕事をしているか？　仕事場での人間関係に問題はないか？ |
| 借金はあるのか？　ある場合は、返せる見込みはあるか？ |
| 日常的に飲酒をするか？　飲酒をしたとき、性格がどのように変わるか？ |
| ギャンブルはするか？　どのくらいの頻度でするか？ |
| 家族構成は？　家族との仲はよいか？ |
| 趣味はあるか？　どんな趣味を持っているか？ |
| 犯罪歴はあるか？　刑期を終えて、どのくらい時間がたっているか？ |
| 住んでいる場所はどんなところか？　近隣住民とのトラブルは無いか？ |

　教習資格認定の申請を行う際、生活安全課によってあなたの生活習慣や犯罪歴に関する面談および身辺調査が実施されます。この段階で欠格事由に該当すると判断された場合、申請手続きはここで中断されるため、銃の所持許可が下りることはありません。

　面談では、上表のような内容が聞かれます。なお、虚偽の申告をすると欠格事由に該当する可能性があるため、必ず真実を話してください。

　身辺調査では家族、友人、近隣住民、職場の同僚などへの電話や訪問を通じて、面談内容の〝裏取り〟が行われます。面談の際にこれらの人々の名前、電話番号、住所、どのような関係かなどを提供するよう求められることも多いので、あらかじめ周囲に話をつけておき根回しをしておきましょう。

## ●2週間程度で教習資格認定が下りる

　教習資格認定の結果は通常、申請から約1カ月後に届きますが、身辺調査中に対象者との連絡が取れない場合などは、1カ月以上かかる場合もあります。もし申請から1カ月が経過しても何の連絡もない場合は、生活安全課に問い合わせを行い、進行状況を確認しましょう。

## 4 射撃教習を受けよう

　教習資格認定が下りた旨の連絡を受けたら、生活安全課に**教習資格認定書**を受け取りに行きましょう。指定された射撃場でクレー射撃の教習を受け考査に合格したら、教習修了証明書が発行されます。

### ●射撃教習の予約と弾の購入手続きを行う

　**射撃教習**は、都道府県内のクレー射撃場で行われます。教習資格認定の有効期限は3カ月間なので、なるべく早めに受講するようにしましょう。射撃教習の開催地・日時は生活安全課で教えてもらえることが多いですが、もし教えてくれなかった場合は、本書の巻末資料に射撃場一覧（令和5年度版）を載せているので、近くの射撃場に問い合わせてみてください。

　射撃教習で使う散弾銃の弾は、自分で用意しておかなくてはなりません。しかし日本では猟銃用火薬類を購入するときには、公安委員会から発行された**猟銃用火薬類等譲受許可証**が必要になります。そこで教習資格認定書を受け取った日に、生活安全課でこの譲受許可証を併せて入手しておきましょう。このとき手数料として2,400円必要になります。

## ●銃の取り扱いマナーを重視しよう

　射撃教習には、受講料として32,000円と、弾購入費として約10,000円が必要です。これらの費用は現地での清算となるため、当日は現金を用意しておいてください。

　教習は、約1時間の講義と、少なくとも1ラウンドの練習、そして1ラウンドの考査から構成されます。教習中は下表に挙げる項目に注意して銃を取り扱ってください。

| 射撃教習の注意点 |
| --- |
| 銃口を人に向けない |
| 発砲時以外は引鉄に指をかけない |
| 射撃時以外は、薬室（弾が入るところ）を解放しておく |
| 薬室を閉鎖するときは、銃口を上に向けて、銃床を閉じる |
| 弾を装填する際は、銃身の中をのぞいて、異物が無いことを確認する |
| 射撃が終わったら、薬室内を指差して「実包なし」と声出し確認をする |
| 銃を放り投げるなど、手荒に扱わない |

## ●考査に合格して『教習修了証明書』を受け取る

　教習は、トラップ射撃またはスキート射撃のいずれかで行われ、射撃場によって異なります。使用する銃は射撃場に備え付けられている散弾銃を使用し、射撃指導員の指導のもと射撃を行います。

　考査は、トラップ射撃の場合は25発中2発、スキート射撃の場合は25発中3発命中すれば合格です。「考査」という言葉にドキッとするかもしれませんが、射撃指導員の指示をしっかりと聞いていれば、それほど難しい合格基準ではありません。無事に考査に合格したら、**教習修了証明書**が発行されます。

　初めて撃つ散弾銃の振動と爆音に最初は驚くかもしれませんが、リラックスをして取り組んでください。多くの弾を撃つことで肩が痛くなりがちなので、保護として何か当て布を用意しておくとよいでしょう。

散弾銃を選ぼう！

　教習修了証明書を受け取ったら、その有効期限である1年以内に自分で所持したい散弾銃を選びましょう。散弾銃はインターネットや個人間での取引も可能ですが、初心者は実際に銃砲店に行き、専門家のアドバイスを受けながら実物を手に取って選ぶことをお勧めします。

## ●上下二連式散弾銃を選ぶ

　銃砲店の店内には様々な銃が展示されており、初めての訪問では圧倒されるかもしれません。しかし、店員に「クレー射撃をしたい」と伝えれば、適切な銃の選び方や必要なアドバイスを提供してもらえるはずです。

　クレー射撃目的で散弾銃を購入する場合は、上下二連式と呼ばれるタイプを選びましょう。上下二連式は銃身が上下に重なっており、連続して2発の弾を発射できます。射撃時のトラブルも少ないため、クレー射撃に最も適したタイプといえます。

　もしあなたが「クレー射撃だけでなく〝静的射撃〟や〝狩猟〟もやってみたい」というのであれば、半自動式やスライドアクション式といったタイプも選択肢に入ります。しかしその場合は、できれば用途に応じて散弾銃を複数所持しておいたほうが無難な選択だといえます。

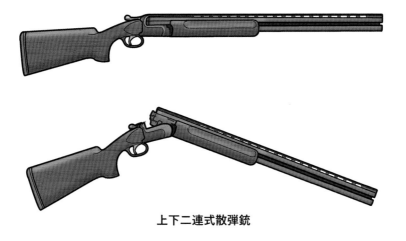

**上下二連式散弾銃**

## ●銃の値段による差は〝車〟と同じ

　散弾銃の価格は大きく異なります。中古のものであれば5万円から10万円程度で手に入りますが、新品の場合は30万円、高級なモデルになると100万円を超えることも珍しくありません。価格の差は、銃身と機関部の精度、引鉄の反応の良さ、銃身の歪みの少なさ、使用されている木材の質や機関部の装飾の精緻さなど、多くの要素によって決まります。

　「高い銃ほどクレーに当たりやすいか？」という質問に対しては、一概に「そうです」とはいえません。銃の値段による差は、例えるならば「高級車と軽自動車の差」のようなもので、乗り心地やハンドリング、運転の楽しさは軽自動車より高級車のほうが優れています。同様に、安い中古銃よりも高価な銃のほうが、より洗練された射撃体験を提供してくれます。

　特にこだわりが無く散弾銃を選ぶのであれば、ひとまず20万円から30万円クラスの銃であればハズレはないはずです。「ミロク製作所」や「ベレッタ」といった有名メーカーであれば、カタログ落ちモデルであっても性能においては満足できることが多いです。射撃の経験を重ねて「より高みを目指したい！」という目標ができたときは、オーダーメイドの銃をメーカーに依頼するという選択肢もあります。

## ●ガンロッカー・装弾ロッカーの設置

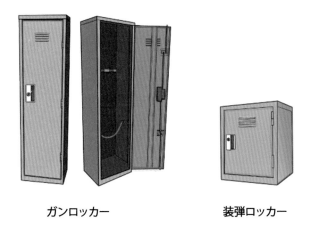

ガンロッカー　　　　　　　　　装弾ロッカー

　銃砲店で散弾銃を購入する際には、**ガンロッカー**と**装弾ロッカー**も合わせて検討しましょう。ガンロッカーは銃を自宅に安全に収納するための設備で、法律で定められた構造や鍵の種類を満たしている必要があります。

　装弾ロッカーは散弾銃の弾や火薬類を保管するために用いられます。このロッカーは0.6mm以上の厚さの鉄板で作られた防火扉が必要で、窓や通気孔を持たない構造が求められます。一般的な金庫でこの条件を満たしていれば使用可能ですが、特にそのあてが無いのであれば、ガンロッカーと一緒に装弾ロッカーを銃砲店で購入しましょう。なお、ガンロッカー内に弾や火薬を保管することは禁じられています。

　価格に関しては、ガンロッカーは新品で2〜3丁収納可能なサイズで5万円から7万円、装弾ロッカーは約3万円が相場です。全体で8万円から10万円程度の出費が見込まれるため、予算計画に含めておきましょう。

　中古品を検討する場合、インターネットオークションなどで3万円から5万円程度で見つかることがあります。いつ出品されるかわからないのがデメリットですが、コストを抑えたい場合には検討してみる価値はあるでしょう。

| ガンロッカーの基準 | |
|---|---|
| ① | 全ての部分が1ミリメートル以上の厚さの鋼板で作られていること。 |
| ② | 施錠した際、かんぬき機構等によって、扉の上下を本体に固定する構造となっていること。 |
| ③ | 設備の内部に鎖等によって銃を固定する装置を有していること。 |
| ④ | 外部から見える蝶番が切断又は取り外されても、扉が外れない構造になっていること。 |
| ⑤ | 扉を閉鎖する錠は、鎌錠等外部からの力によって容易に開錠できないものであること。 |
| ⑥ | 扉を閉鎖する錠は、掛け忘れ防止装置付きのものであること。 |
| ⑦ | 扉を閉鎖する錠は、鍵違い120種類以上のものであること。 |
| ⑧ | ①～⑦までと同等に堅固な設備であること。 |

**1**
**法律・知識**

## ●自宅に銃を置けない場合は委託保管へ

　もし自宅での銃保管に不安がある場合は、銃砲店や射撃場で銃を**委託保管**する方法も考えられます。このサービスでは、保管料を支払って銃を管理してもらい、必要なときに引き取ります。銃を委託保管した場合、保管施設からは銃保管に関する証明書が発行されます。この証明書は、銃の所持許可申請時に必要な書類として提出することになります。

　委託保管の費用は施設によって異なりますが、一般的には月額2,000円から4,000円程度です。普段は保管施設に銃を預け、射撃の前日夜か当日に引き取り、使用後は早めに再び預けます。弾は「射撃場で必要な分だけ購入し、その日に使用し切る」ことを前提に、自宅に装弾ロッカーを置かなくてもよい場合があります（公安委員会によって見解が違うので、詳しくは生活安全課の担当官に相談してください）。

　この委託保管は特に、賃貸住宅で銃や火薬の保管が禁止されている人や、長期出張が多い人、自宅に人の出入りが多い人に適しています。この条件に当てはまらない人であっても、例えば引っ越しや家の建て替えといった不特定多数の人が出入りするようなときは、銃が盗難されるリスクを避けるために、できる限り委託保管を利用したほうがよいといえます。

## 6 所持許可申請書の作成

　所持をしたい銃を決めたら、銃砲店から**譲渡等承諾書**が発行されます。この書類を受け取ったら、銃の**所持許可申請**を行いましょう。

- - - - - - - - - - - - - - - - - - - - - - - - - - - - - - - - - - - -

### ●銃砲所持許可申請

　銃の所持許可申請は、次の書類をそろえて生活安全課に提出します。

1. 講習修了証明書
2. 教習修了証明書
3. 譲渡等承諾書
4. 経歴書、同居親族書、身分証明書、住民票の写し
5. 医師の診断書
6. 保管計画書（委託保管の場合は、その旨を示す書類）
7. 銃砲所持許可申請書
8. 縦3.0cm、横2.4cmの証明写真2枚
9. 申請手数料 10,500円

　1は猟銃等講習会で取得した修了証明書です。有効期限は3年間です。

　2は射撃教習の修了証明書です。有効期限は1年間です。

　3は銃を仮押さえした際に銃砲店から受け取った証明書です。

　4は教習資格認定申請の際に提出した書類と同じです。射撃教習の申請から所持許可申請までが1年以内であれば、書類の提出は省略される場合があります。

　5は教習資格認定申請の際に提出した書類と同じですが、新しく診断書を取り直す必要があります（教習から3カ月以内なら不要な所もある）。

　6は自宅に設置するガンロッカーと装弾ロッカーの位置を記した見取り図です。7の申請書と合わせて記入例を載せているので、ご参考ください。

　その他、安全課によっては追加で書類の提出を要求されることがあるので、担当官に確認をしてください。

## ●保管計画書の記入例

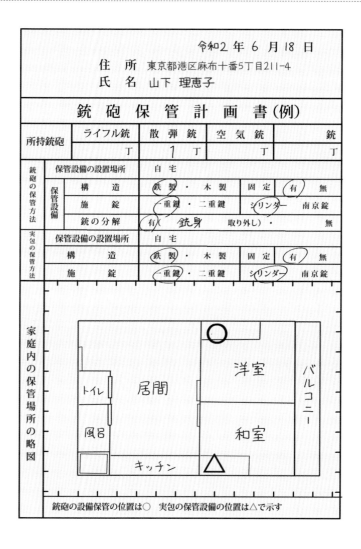

ガンロッカーと装弾ロッカーは、原則として同じ部屋に設置することはできません。さらに、これらは容易に移動させられないように床や壁にネジ止めします。賃貸などで穴を開けることが難しい場合は、ロッカー内に重りを入れたり、つっかえ棒を使用して設置場所に固定する方法もあるので、担当官と相談しながら設置方法を決めてください。

## （表面記入例）

### 銃 砲 所 持 許 可 申 請 書

銃砲刀剣類所持等取締法第4条第1項の規定による銃砲の所持の許可を次のとおり申請します。

令和2年6月18日

東京都公安委員会殿

| 申請 | 本　　　籍 | 東京都港区麻布十番5丁目211－4 | | | |
|---|---|---|---|---|---|
| | 住　　　所 | 同上 | | | |
| | ふ　り　が　な | やました　りえこ | | | |
| | 氏　　　名 | 山下　理恵子 ㊞ | | 性別 | 男・女 |
| | 生　年　月　日 | 平成6年12月1日　（25歳） | | | |
| | 電　話　番　号 | 080-9957-0133 | | | |

| 申　請　件　数 | | 件　※申請に係る銃砲欄（別紙）を作成すること。 | | |
|---|---|---|---|---|
| 関 係 証 明 書 等 | 交 付 年 月 日 | 番　　　　号 | | 交　付　者 |
| 猟銃・空気銃所持許可証 | | | | |
| 講 習 修 了 証 明 書 | 令和2年8月17日 | 92-0085 | | 東京都公安委員会 |
| 技 能 検 定 合 格 証 明 書 | | | | |
| 技 能 講 習 修 了 証 明 書 | | | | |
| 教 習 修 了 証 明 書 | | | | |

　申請書類の表面には、申請日、本籍、住所、氏名、生年月日、性別、電話番号を記入して、押印します。また、講習修了証明書に記載された、交付年月日、番号、交付をうけた公安委員会の名前を記入します。

## ●銃砲所持許可申請書の記入例（裏）

（裏面記入例）

| 同居人 | ☐ 無 |
| | ☑ 有（ 4 人） |

| 欠格事由 | ☑ 私は、法第5条第1項第2号から第18号までに規定するいずれにも該当しない者であることを誓約します。 |
| | （猟銃の許可申請者のみ回答） |
| | ☐ 私は、法第5条の2第2項第2号又は第3号に規定するいずれにも該当しない者であることを誓約します。 |

| 省略した書類 | 添付を省略した書類 |
| | ☐ 同居親族書（　　　年　　月　　日　　公安委員会提出） |
| | ☐ 市町村の長の証明書（　　　年　　月　　日　　公安委員会提出） |
| | ☐ 住民票の写し（　　　年　　月　　日　　公安委員会提出） |
| | ☐ 経歴書（　　　年　　月　　日　　公安委員会提出） |
| | ☐ その他（　　　　　　　　　　　） |

備考　1　申請人は、氏名を記載し及び押印することに代えて、著名することができる。
　　　2　申請人が法第4条第5項の法人の代表者又は代理人、使用人その他の従業者であるときは、申請人の本籍欄にはその者の勤務する法人の事業場の名称を、住所欄にはその所在地、職業欄にはその者の当該事業場における職務上の地位、電話番号欄にはその者の勤務する法人の事業場の電話番号を記載すること。
　　　3　申請件数欄には、今回求める許可の件数を記載し、別紙に申請に係る銃砲について記載すること。
　　　4　猟銃・空気銃所持許可証欄には、現に交付を受けているものの交付年月日等を記載すること。
　　　5　同居人の欄には、その有無の該当する方の☐内にレ印を記入し、同居人がいる場合にはその人数を記載すること。
　　　6　欠格事由欄には、当該欠格事由に該当しない旨を誓約する場合は☐内にレ印を記入すること。
　　　7　省略した書類欄には、添付書類を省略した書類で該当するものの☐内にレ印を記入し、その提出日を記載すること。
　　　8　用紙の大きさは、日本工業規格A4とすること。

　申請書類の裏面には、同居人の有無（人数）、欠格事由に該当していないことの誓約を記入します。同居人は親族に限らず、下宿人の数まで併せて記入します。

　銃を複数所持している場合は、申請が1年以内であれば書類の提出を省略できます。これは初心者の人には関係ないのでチェックは入れません。

## ●銃砲所持許可申請書の記入例（別紙）

（別紙記入例）

| | | 1 / 1 件 |
| --- | --- | --- |

☑ 譲渡等承諾書のとおり

| | | | | |
| --- | --- | --- | --- | --- |
| 銃砲 | 種　　類 | | 銃 番 号 | |
| | 型　　式 | | 銃の全長 | センチメートル |
| | 商品名等 | | 銃 身 長 | センチメートル |
| | 公証（番）径 | ミリメートル インチ 番 | 弾倉型式及び充填可能弾数 | |
| | （実測口径） | （　　　　ミリメートル） | 適合実（空）包 | |
| | 特　　徴 | | 替え銃身 | |

| | | |
| --- | --- | --- |
| 用途 | 法第4条第1項に規定する用途 | |
| | 第1号 | □狩　猟　□有害鳥獣駆除　☑標的射撃 |
| | 第2号 | □人命救助　□動物麻酔　□と殺　□漁業　□建設業　□その他の産業の用途（　　　　　　　） |
| | □第3号　□第4号　□第5号　□第5号2　□第8号　□第9号　□第10号 | |
| | □法第6条第1項に規定する用途 | |

| | |
| --- | --- |
| 現所有者 | ☑ 譲渡等承諾書のとおり |
| | 住所 氏名 電話番号 |

　申請書類の別紙には、所持する銃の詳細を記入します。これらの情報はすべて銃砲店などから発行される譲渡等承諾書に内容が書かれているので、『譲渡等承諾書のとおり』にチェックを入れましょう。用途の欄には、『標的射撃』にチェックを入れます。

## ●猟銃・空気銃所持許可証の受け取り

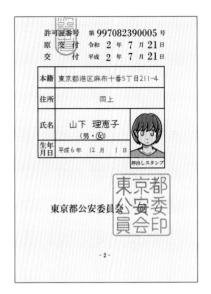

　スムーズにいけば、銃砲所持許可の申請から1カ月程度で生活安全課から所持許可が下りた旨の連絡が来ます。連絡を受けたら3カ月以内に**猟銃・空気銃所持許可証**を受け取り、銃を引き取りに行きましょう。

　銃を引き取ったら14日以内に、所持許可証を携えて再度生活安全課を訪れ、銃の検査を受けます。この検査では、銃の全長や銃身長などが譲渡等承諾書の内容と相違がないか確認されます。問題がなければ、銃に関する詳細が記入され、これにより銃所持の手続きが完了します。

## ●1年に1回の銃検査

　銃は毎年1回、一般的には2月末から5月末の間に**一斉検査**という形で検査が行われます。この検査では銃が違法に改造されていないか、申請時に記載された目的に沿って使用されているかなどが確認されます。この検査では所持許可申請時に受けたような面談も行われます。

　一斉検査の場所と日程は管轄する警察署によって異なるため、その日に空き時間を作るように日程を調整しておきましょう。

## 7 所持許可の更新

銃の所持許可証は永久に有効なわけではなく、定められた有効期限があります。そのため有効期限以降も引き続き同じ銃を所持したい場合は、更新の準備を行い、更新期間中に更新申請を行う必要があります。

### ●所持許可の有効期限

所持許可の有効期限は、**所持許可を受けた日から3回目の誕生日まで**とされています。この期限を過ぎると所持許可は失効し、合法的な銃所持ができなくなります。

所持許可が失効した場合は、その銃を50日以内に適切に処分しなければなりません。処分方法は、銃砲店に譲り渡すか、廃棄処分にしてもらう方法、または別の人にその銃の所持許可を受けてもらい、その人に譲り渡す方法があります。

### ●所持許可の更新方法

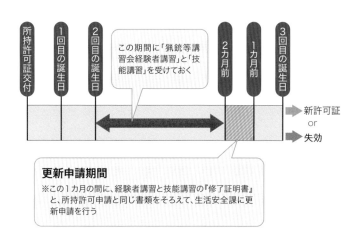

所持許可証の有効期限を過ぎても引き続きその銃を所持し続けたい場合は、**更新申請**が必要です。更新申請は、**所持許可を受けた日から3回目の誕生日の〝2カ月前から1カ月前〟**の間に所轄警察署で行う必要があります。

この更新申請には**猟銃等講習会経験者講習**と**技能講習**の2つの講習を受け、各講習の修了証明書を取得する必要があります。猟銃等講習会経験者講習は、初心者講習のような『丸一日をかけた講習＋考査』はなく、2，3時間程度の簡単な講習になります。技能講習は射撃教習とほぼ同じですが、自分の所持する銃で講習を受ける点が射撃教習と異なります。

　これらの講習は都道府県ごとに〝隔月〟ペースで開催されるため、更新期間の2カ月前には受講を済ませておく必要があります。更新期間になって準備を始めても間に合わないので、十分注意しましょう。

### ● 〝やむを得ない事情〟がある場合の特例

　病気や災害、海外出張などの〝やむを得ない事情〟で更新期間内に手続きを完了できない場合は、その事由を説明する書類を提出することにより、誕生日の前日までに更新申請が可能です。

　ただしこの特例であっても、2つの講習修了証明書は必要になります。〝やむを得ない事情〟があったとしても、経験者講習と技能講習を受けていないと更新できないので注意しましょう。

### ●銃の追加

　追加で銃を所持したい場合は、1挺目と同じ流れで所持許可を申請しますが、その際に銃を追加で所持する〝理由〟を問われます。例えば「1挺目はクレー射撃用なので、2挺目は狩猟用に所持したい」といった明確な理由がないと、所持許可が下りない可能性があります。

　また、複数の銃を所持している場合、それぞれの所持許可の有効期限が異なることによって、更新申請の手続きが毎年発生する煩雑さが生じます。この場合、2挺目以降の銃の有効期限を〝短縮する〟ことで、1挺目の銃の更新年度と合わせることができます。ただし所持している銃の更新期限をすべてそろえてしまうと、更新を忘れてしまったときにすべての銃を手放さなければならないので注意が必要です。

1

法律・知識

## 8 所持許可の失効・取消・抹消

　銃を所持したい人は「所持の方法」だけでなく、「所持後の義務や手続き」に関する知識も身につける必要があります。

### ●所持許可の失効

| 1. 更新を受けなかった場合 |
| --- |
| 2. 許可を受けた日から3カ月以内に銃を所持しなかった場合 |
| 3. 死亡した場合 |
| 4. 自己の意思に基づいて、所持しないことにした場合 |
| 5. 違法な所持又は不正な携帯や運搬を理由に提出を命ぜられた場合、又はこれらが裁判の結果没収された場合 |
| 6. 日本スポーツ協会の推薦を受けて許可を受けた者が推薦を取り消された場合 |
| 7. 銃を不正に、または同一性を失わせる程度に改造した場合 |
| 8. 年少射撃資格者認定により、または日本スポーツ協会の推薦により許可を受けた者が推薦を取り消された場合 |

　銃の所持許可は、上記1〜8のいずれかに該当した場合、その効果が**失効**します。所持許可が失効した銃は、失効した日から50日以内に、処分する必要があります。50日以内にいずれかの手続きも行わなかった場合、公安委員会により銃が仮領置（警察署で一時的に預かる処置）されます。

### ●所持許可の取消し

　銃の所持許可を受けた人が銃刀法や火薬類取締法などの法令に違反した場合、または欠格事由に該当するようになった場合、所持許可の**取消し**が行われます。違反が原因で所持許可が取消された場合は、所持許可を受けることができない欠格期間が発生します。

　銃の所持許可が取消される要因には**ねむり銃**があります。これは銃が3年間、目的の用途に使用されていない場合に適用されます。そこで銃の検査時には銃の使用実績の証明書類を用意しておきましょう。例えばクレ

ー射撃のスコアカードや射撃場のレシートが証票になります。

## ●銃の抹消の所持許可の返納

　銃の所持許可が何らかの理由で失効や取消しとなった場合、その銃の項目を所持許可証から**抹消**する必要があります。抹消の手続きは、銃砲店に譲り渡した場合は銃砲店が代理で行ってくれます。銃を個人間で譲り渡す場合は、元の所持者が所轄の生活安全課に「許可事由抹消申請書」を提出し、抹消手続きを行ってください。

　抹消の結果、所持許可証に記載されている銃の数が0になった場合は、その許可証を公安委員会へ返納する必要があります。銃砲店で抹消手続きを行った場合、銃砲店が許可証の返納も代行してくれます。個人で抹消手続きを行った場合は、所轄の生活安全課に「銃砲刀剣類所持許可証等返納届出書」を提出して許可証を返納します。

## ●本人が死亡した場合の銃の抹消

　所持者が死亡した場合は、すべての所持許可が失効となるため、死亡届出義務者（家族や親族、保佐人、家主など）が10日以内に所轄の生活安全課に所持許可証を返納しなければなりません。そのため、親族が銃を誤って捨てたり、保管し続けたりしないように、あらかじめ説明をしておきましょう。ひとまず「銃の処分に困ったら銃砲店か警察の生活安全課に電話して聞いて」と伝えておけば、間違いが起こることはないはずです。

## ●銃の譲渡

　銃を他の人に譲渡して処分する場合は、譲り渡す相手が当該の銃の所持許可を受けていなければなりません。こちらからは譲渡等承諾書を作成して相手に渡し、相手が所持許可を受けてから銃を引き渡します。このとき、銃の所持許可証は必ず原本を確認しなければなりません。相手方が遠方に住んでいる場合は、原本を郵送で送ってもらいましょう。

## 9 実包の管理

　クレー射撃に使用する弾（実包）は、火薬や雷管といった火薬類（猟銃用火薬類）が含まれています。これら火薬類は火薬類取締法という法律で、購入や消費量、管理方法、運搬方法などが定められています。

### ●火薬類の購入

　猟銃用火薬類を購入する際には、事前に所轄の生活安全課で**猟銃用火薬類等譲受許可証**の交付を受ける必要があります。この許可証を、火薬類を扱う認定販売店（火薬取扱店、または銃と一緒に扱っている銃砲火薬店）に提出することで、許可証に記載されている量の範囲内で火薬類を購入することができます。

　1回の申請で受けられる購入許可の数は、銃の使用実績に応じて増減します。一般的には、初心者で標的射撃目的の場合、最大800発まで購入が可能です。許可証の有効期限は1年間であり、期限が切れると残弾数にかかわらず、その許可証では火薬類の購入ができなくなります。

　クレー射撃では競技によって異なる号数の弾が使用されます。例えば、トラップ競技では「7.5号」、スキート競技やラビット競技では「9号」が使われます。

## ●火薬類の消費

　実包や空包の使用には、1日あたりの発砲可能な弾数に制限があります。狩猟の場合、1日に最大100発まで、標的射撃の場合は400発までの発砲が許可されています。これを超える発砲を計画している場合は、事前に〝消費する地域を管轄する公安委員会〟から**猟銃用火薬類等消費許可**を受ける必要があります。

　クレー射撃では、競技によって消費される実包の数が異なります。トラップ競技では1ラウンドにつき25発から最大50発、スキート競技では1ラウンドにつき25発が使用されます。例えば、トラップ競技で1日に8ラウンド以上を行う、またはスキート競技で1日16ラウンド以上を行う計画がある場合は、クレー射撃場がある地を管轄する警察署の生活安全課に消費許可の申請を行ってください。

## ●火薬類の保管

| 火薬の種類 | 保管の上限 |
|---|---|
| 実包と空包の合計 | 800発 |
| 無煙火薬と黒色火薬の合計 | 5kg |
| 猟銃用雷管 | 2000個 |

　火薬類の保管は原則として〝火薬庫〟に保管することになっていますが、猟銃用火薬類を上表に定める数量以内であれば、例外として自宅の装弾ロッカー内で保管することができます。なお、火薬類は18歳未満の者に取り扱いをさせてはいけません。

　狩猟用として火薬類を購入した場合、保管期限は「狩猟者登録の満了後1年以内」と定められていますが、標的射撃目的で購入した場合は保管期限の定めはありません。ただし、銃が失効・取消しを受けたことにより火薬類の消費を行わないことになった場合、これら**残火薬**は遅延なく火薬店に依頼して譲渡または廃棄しなければなりません。

## ●火薬類の廃棄

　残火薬や不発を起こした実包の廃棄は、火薬取扱店に持ち込み、指定された処分料を支払います。処分料は店によって異なりますが、一般的には1発あたり十数円がかかることが多いです。

　火薬類を一般ゴミに混入させて捨てる行為は厳禁です。過去にはゴミ集積場から銃の弾が発見された例があり、これが火薬類取締法違反に該当する事件となったケースがあります。狩猟の場合は「いつ発砲するか」が不確実なので残火薬が出ることも多いですが、クレー射撃では計画的に弾を消費することができます。よって弾はその日に消費するだけの数を購入し、残火薬がでないように心がけましょう。

## ●実包の製造

　実包や空包の製造は通常、特別な許可を持つ業者のみが行うことができます。しかし、1日に100個までであれば、特別な許可なしに個人が製造することも可能です。これは**ハンドロード**と呼ばれており、個別に購入したケース、ワッズ、火薬、雷管を専用の器具（ハンドローダーなど）を使用して自作します。

　ハンドロードは、特に狩猟やライフル射撃を行う人々の間でよく行われます。一方、クレー射撃を行う人々の間では、工場製の弾（ファクトリーロード）が安価で信頼性が高いため、ハンドロードを行う人はほとんど見かけません。

## ●実包等管理帳簿の作成

　自宅で保管している火薬類は、**実包等管理帳簿**を作成して管理します。この帳簿は銃の検査時に提出しなければならないため、正確に作成しましょう。

　帳簿には、保管している弾や火薬の種類、個数（重量）、消費した場合は、いつ、どこで、どのくらい消費したかを明記します。帳簿は手書きでなくてもよいので、Excelなどのフォーマットをダウンロードして使い、印刷して提出するのがお手軽です。

## 実 包 等 管 理 帳 簿（記載例）

| 月 日 | 許可種類 | 摘　　　要 | 散　弾<br>適合実包（　12　） | | | ライフル<br>適合実包（270Win） | | | 備　　　考 |
|---|---|---|---|---|---|---|---|---|---|
| | | | 受 | 払 | 残 | 受 | 払 | 残 | |
| | | 前 葉 繰 越 | | | 0 | | | 0 | |
| 10/5 | 許可 | 緑石銃砲火薬店 | 125 | | 125 | 15 | | 15 | 7.5号(100), 3号(25) |
| 11/1 | | 長野県営射撃場 | | 100 | 25 | | 10 | 5 | 3号(25) |
| 11/15 | | 緑石地区狩猟 | | 12 | 13 | | | | 3号(13) |
| 11/22 | 無許可 | 緑石銃砲火薬店 | 50 | | 63 | | | | 3号(38),BB(25) |
| 12/10 | | 琥珀地区狩猟 | | | | | 5 | 0 | |
| 12/20 | | ハンドロード | | | | 10 | | 10 | |
| ⋮ | | | | | | | | | |
| 3/1 | | 長野県営射撃場 | | 82 | 0 | | 10 | 0 | |

## ●火薬類の輸送

　火薬類は他の荷物と混包しないように運搬してください。特に銃と一緒のケースに入れておくと、万が一、盗難に遭った場合、すぐさま犯罪に使用される危険性が高まるため厳禁です。

　公共交通機関を利用して猟銃用火薬類を運搬する場合、各運送会社の規定に従う必要があります。これは運送会社によって異なる場合がありますので、利用前に必ず確認してください。

| 交通機関の種類 | 運搬の上限 |
|---|---|
| 列車 | 空包の合計200個以内<br>無煙火薬類等の合計1kg以内（容器等を含める）<br>銃用雷管400個以内 |
| バス | 実包と空包の合計50個以内 |
| 船舶 | 実包と空包の合計200個以内<br>猟用装弾400個以内<br>無煙火薬類等の合計1kg |
| 飛行機 | 猟銃用火薬類5kg以内（手荷物不可） |

# 10 銃刀法・火取法の違反例と罰則

　ここでは銃刀法と火薬類取締法に基づく、よくある違反例と罰則を解説します。長いプロセスを経て手に入れた銃なので、長く所持し続けられるように遵法意識を高めて管理しましょう！

## ●裸銃で公道を移動する

　銃を持って移動するときは、他の人に恐怖感を与えないように、おおいをかぶせなければなりません。これに違反すると安全措置違反として、20万円以下の罰金になります。

## ●不適切な装填

　競技中以外は銃に弾を込めてはいけません。これに違反した場合は、安全措置違反として20万円以下の罰金になります。なお、銃には安全装置（セーフティロック）が付いていますが、これは引鉄にロックがかかるだけであり、銃に衝撃があると暴発する危険性があります。安全装置がかかっていても脱包をされていなければ違反になります。

## ●不適切な銃の保管

　銃を自宅で管理する場合は、ガンロッカーに入れて施錠します。銃を出しっぱなしにしていると保管義務違反となり、20万円以下の罰金になります。なお、ガンロッカーの鍵も銃本体と同じ扱いになるので他人に管理させてはいけません。

## ●不適切な火薬類の管理

　猟銃用火薬類も銃と同様に、装弾ロッカーに入れて鍵は自分で保管します。猟銃用火薬類の所持・保管・消費などに違反した場合は、火薬類等取締法違反として、1年以下の懲役または50万円以下の罰金になります。

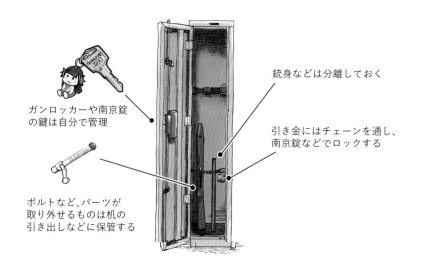

ガンロッカーや南京錠
の鍵は自分で管理

ボルトなど、パーツが
取り外せるものは机の
引き出しなどに保管する

銃身などは分離しておく

引き金にはチェーンを通し、
南京錠などでロックする

1
法律・知識

## ●所持許可証の不携帯

　銃を持ち出すときは、必ず所持許可証を携帯します。所持許可証を不携
帯のまま銃を持ち出すと20万円以下の罰金になります。

## ●所持許可を受けていない人が銃を携帯・所持

　所持許可を受けていない人が、その銃を携帯した場合、5年以下の懲役
または100万円以下の罰金になります。これは、銃を持った側、持たせた
側の両方とも、罪に問われる可能性があります。

## ●許可を受けた目的以外で発砲する

　銃を用途以外で発砲した場合、5年以下の懲役または100万円以下の罰金
になります。海外ではよく、裏庭で空き缶撃ちや、スイカ撃ちなどが行わ
れていますが、日本では禁止されています。『標的射撃』の名目で所持許
可が下りた銃は射撃場のみ。『狩猟』で許可が下りた銃は猟場のみ。『有害
鳥獣駆除』で降りた銃は許可されたエリアでのみ、発砲ができます。

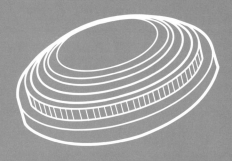

# クレー射撃の準備を
# 始めよう！

## 第2章

　散弾銃はクレー射撃における最も重要な道具ですが、初めての銃

選びは、その選択肢の多さに戸惑いがちです。また、クレー射撃の各

種アイテムも、何から準備しておけばよいのか迷ってしまうことで

しょう。この章では、初心者が適切な散弾銃やアイテムを選ぶため

の基本的な知識を解説します。

# 1. 散弾銃を知ろう

## 1 散弾銃ってどんな銃？

　**散弾銃**には多くの種類があり、クレー射撃に向いていない設計のタイプも存在します。そこで、クレー射撃用の散弾銃を正しく選べるように、どのような点に注目すればよいのか理解しておきましょう。

### ●スポーツ目的で所持できる銃

　民間人がスポーツ目的で所持できる銃には、散弾銃、ライフル銃、空気銃の3種類があります（※拳銃と空気拳銃もスポーツ目的での所持が可能ですが、第1章で説明した猟銃・空気銃所持許可制度とは異なる制度のためここでは扱いません）。

　散弾銃は多くの小さな弾を含む散弾実包（ショットガンシェル）を用い、飛行する鳥やクレーなどの高速移動する標的を撃ち落とすのに最適です。ライフル銃は、ライフル実包（ライフルカートリッジ）を使用し1発の弾頭を発射する銃で、遠距離の大型獣や固定されたブルズアイターゲットなど、精密な射撃が求められる状況に適しています。「エアライフル」とも呼ばれることが多い空気銃は、ライフル銃のように1発の弾を発射します。しかし火薬を使わずに圧縮空気や高圧ガスで弾を発射するため、銃としての仕組みが散弾銃・ライフル銃と大きく違います。

散弾銃： 動いている標的を撃つ銃。散弾実包を使用する。

ライフル銃： 遠距離の標的を精密に狙撃する銃。ライフル実包を使用する。

空気銃： 圧縮空気や高圧ガスの圧力で弾（ペレット）を発射する銃。

**2**

散弾銃

## ●ライフル銃所持は散弾銃を10年以上所持していなければならない

　日本でライフル銃を所持するためには「散弾銃を10年以上所持していること」が必要とされる法律があります。そのため初めて銃を所持する人は、ライフル銃を所持することはできません。

　ただし、散弾銃でもライフル銃のように1発弾を使った射撃を行うことは可能です。この弾はスラッグ弾やサボット弾と呼ばれ、ライフル銃のように精密な射撃を行うことができます。また例外として、日本スポーツ協会から推薦を受けた場合、10年以上散弾銃を所持していなくてもライフル銃を所持できる要件があります。

## ●所持できる猟銃の基準

　狩猟やスポーツ目的で所持できる銃の中で、空気銃以外の銃を**猟銃**と言います。猟銃の定義は構造や機能によって厳しく決められており、その基準に当てはまらないものは猟銃として認められていません。具体的な基準は次ページの表にまとめています。

| | ライフル銃以外の猟銃 | ライフル銃 |
|---|---|---|
| 銃の全長 | 93.9cmを超えること | |
| 銃身長 | 48.8cmを超えること | |
| 口径 | 12番以内<br>ただし、トドや熊等の大型獣を捕獲する用途に限り8番まで許可される | 10.5mm（0.41 in）以内<br>ただし狩猟目的で所持する場合は、6.0mm（2.36 in）を超えること |
| 充填数 | 弾倉に2発まで<br>薬室を含めて3発まで | 弾倉に5発まで<br>薬室を含めて6発まで |

　上表の基準に加え、次に示す状態の銃も猟銃として認められていません。一般的に銃砲店で販売されている猟銃は、これらの基準を満たしているので気にする必要はありませんが、例えば銃を所持した後に基準を満たさないような改造を行うと、違法な銃として罰せられます。

| 消音装置 | 構造の一部に消音装置が付いている |
|---|---|
| 外観 | 変装銃 |
| 欠陥 | 機関部や銃身部に著しい欠陥がある |
| 発射機構 | 連続自動撃発式 |

### ●銃の改造は銃砲店で行う

　上記に示した基準内であれば猟銃はカスタマイズできますが、このような改造は個人で行うことはできません。これは武器等製造法によって定められており、銃の改造を行う場合は、同法の許可を受けた工場や銃砲店で実施する必要があります。

　ただし、照準器やアクセサリーの取り付けなど〝基準に影響しない改造〟であれば個人で行うことも可能です。ただしこのような改造を施す場合も、銃砲店から専門的なアドバイスを受けながら行うことが推奨されます。

著しく損傷している銃。
銃身や機関部に穴が空いていたり
銃床、先台が割れていたりした銃。

全長・銃身長が短い銃。
散弾実包を発射できる
カンプピストルなど。

銃身の長さが短い銃。
トレンチガンやソードオフと
呼ばれるタイプの銃。

杖や傘などに偽装された銃。

銃床の無い銃。または銃床を
取り外すことが容易な銃。
コンバットショットガンなど。

連続自動撃発式（オートマチック）
機能が付いた銃。大容量弾倉
などは所持自体が禁止。

## 2 散弾銃の駆動方式

　銃の仕組みは、銃の用途やメーカーの設計によって千差万別ではありますが、ここでは現在猟銃として使用できる銃のうち、代表的な5種類の銃に焦点を当て、それぞれの仕組みと特徴について詳しく解説します。

### ●猟銃の5つのタイプ

　一般的に私たちが所持できる猟銃は、水平二連式、上下二連式、手動式、半自動式、ボルトアクション式の5つのタイプに分類されます。これらの銃は基本的な機能は共通していますが、弾の装填（リロード）方法や、撃った後の空薬莢の排出（アンロード）、連発機構などに大きな違いがあります。

　銃の選択については、「もっぱらクレー射撃だけを楽しみたい」という人であれば上下二連式の散弾銃がベストな選択です。しかしあなたが「クレー射撃と狩猟のどちらも楽しみたい」、「クレー射撃と静的射撃のどちらも楽しみたい」という思いがあれば、これら5つのタイプの特徴をよく知っておき、自分のスタイルや目的に合った銃を選ぶようにしましょう。

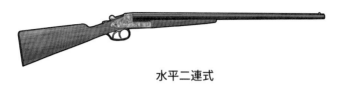

水平二連式

上下二連式

手動式（スライドアクション式）

手動式（ボルトアクション式）

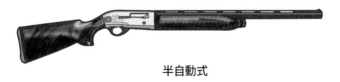

半自動式

**2**

散弾銃

## ●水平二連式

　**水平二連式**は、銃身が二本横に並んで配置された銃で、その銃身を根本から折ることで弾を込める（装填する）ための薬室を開くことができます。弾はこの薬室に1発ずつ装填することができるため、銃身を折る1回の操作で2発の弾を発射することができます。弾を発射するための引鉄は、2本付いている両引きタイプと、1本だけの単引きタイプがあります。

　水平二連式は特にヨーロッパで人気があり、古くからクレー射撃や鳥猟で使用されています。しかし、銃身が左右に並んでいる都合上、発砲時の反動が左右に発生するため、扱いにはかなりの慣

れが必要だと言われています。そのため現在では競技目的でのクレー射撃に使われることはありません。

## ●上下二連式

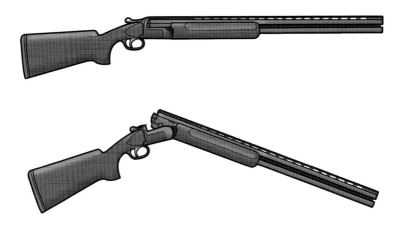

　**上下二連式**は、銃身が上下に配置されている銃です。一見すると水平二連式を縦にしただけのように見えますが、実際には機構部がより複雑になっており、水平二連式が18世紀後半に登場したのに対し、上下二連式の登場は20世紀に入ってからと、比較的新しいタイプの銃です。

　上下二連式は射撃時に左右のブレが少なく、薬室の閉鎖不良や装填・排莢時のトラブルがほとんど発生しないというメリットがあります。そのため、クレー射撃において非常に信頼性が高く、推奨されるタイプとなっています。

　銃身を折って装填・排莢を行うタイプは「中折式」とも呼ばれており、中折式には単身銃や三連式、またライフル銃にもこのタイプの銃があります。しかし現在流通している中折式は散弾銃の水平二連式か上下二連式であり、その他のタイプを使っている人は非常にまれです。

## ●手動式（スライドアクション式）

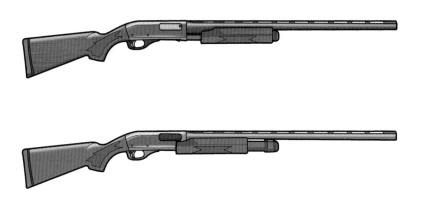

　手動式、特に**スライドアクション式**と呼ばれるタイプは、先台（銃を支える部分）を手前に引くことで薬室が開き、空薬莢が開口部（イジェクションポート）から排出されます。さらに先台を戻す動作で、弾倉内の弾が薬室に送り込まれて、次弾を発射できるようになります。この操作部分が先台ではなく用心鉄（引鉄の周りにある金属部）にあるタイプは「レバーアクション式」と呼ばれます。

　これら手動式は、猟場のような不安定な足場において、確実に薬室へ弾を送り込めるというメリットがあります。また、「ジャキンッ！」と音を響かせて銃を操作する感触は、他のタイプにはない独特

の魅力があります。しかし手動式は、操作に慣れるまでは発射速度が遅くなるため、クレー射撃専用にこのタイプを選ぶメリットはありません。

## ●手動式（ボルトアクション式）

**ボルトアクション式**は手動式の一種で、機関部の後部にあるボルトを操作します。ボルトを引くと薬室に残っている空薬莢が排出されるのと同時に、機関部下に装着された弾倉から弾が送り込まれます。ボルトを元に位置に戻すと薬室が閉鎖され、装填が完了します。

　ボルトアクション式が他の手動式と異なるのは、機関部と銃身が一体構造になっているという点です。これにより機関部と銃身の間に取り付けのズレが無くなるため、より精密な射撃が可能となります。映画や漫画でよく見る〝スナイパーライフル〟と呼ばれる銃も、このタイプであることがほとんどです。

　数は少ないですが、散弾銃のボルトアクション式もあります。しかしボルト操作のために引鉄から手を離さなければならないため、クレー射撃のような動きのある標的を追う用途には適していません。

## ●半自動式

　　**半自動式（セミオートマチック）**は、発砲時の反動を利用して自動的に
空薬莢を排出し、次の弾を装填します。この銃の構造は複雑で、メーカー
によっても設計が異なりますが、引鉄を連続して引くだけで射撃ができる
ため、初心者にも扱いやすいといったメリットがあります。

　　半自動式は利便性に対し
て、銃の整備不良や部品の
劣化によって回転不良や閉
鎖不良というトラブルが発生
しやすいというデメリットが
あります。特にクレー射撃で
は使用する弾の反動が軽い

ため、ジャム（弾詰まり）と呼ばれるトラブルが発生しやすくなります。そ
のためクレー射撃では上下二連式が、精度と信頼性の面で選ばれています。
ただし、もしあなたが「狩猟とクレー射撃を1挺の銃で行いたい」という強
い希望があれば、半自動式は必ずしも間違った選択とはいえません。

## ●どのタイプを選ぶかは好みにもよる

　クレー射撃には一般的に上下二連式の散弾銃が推奨されますが、これが唯一の選択肢というわけではありません。クレー射撃はルールとマナーを守れば、どの銃を使うかは個人の好みによります。オーソドックスな水平二連式で挑戦するのもよいでしょうし、スライドアクション式でウエスタンスタイルを楽しむのも面白い選択です。「本格的にスコアアップを目指したい！」と思うようになってから、上下二連式を手にしたという人もいます。

　ただし、安全面において一つ重要な点があります。中折式の銃は空薬莢が射手の方向に飛び出しますが、手動式や半自動式では空薬莢が右横へ飛びます。これが右隣の射手の射撃を妨げることがあるので、この点には特に注意してください。

　なお、あまりメジャーな競技ではないですが、クレー射撃にはトリプルトラップと呼ばれる種目があります。これは1回の合図で3枚のクレーを撃ち落とすゲームなので、上下二連式では行えません。もし、特別にトリプルトラップに興味がある人は、半自動式などを選びましょう。

## 3 銃床

　**銃床（ストック）**は、銃を持って構えたときに狙いを安定させる役割を果たす部品です。多くの銃床は木で作られていますが、現代ではプラスチック製（シンセティック）や、長さの調整が可能なモデルも存在します。

## ●銃を握るグリップ

　**銃把（グリップ）**は銃を握って、引鉄を引く指を安定させるための部分であり、大抵の銃床では滑り止め用の溝（チェッカリング）が施されています。

　グリップの形状には、オーソドックなストレートタイプをはじめ、ピストル、サムホール、セパレート（銃床とグリップが分離）など様々な種類があり、用途に応じて最適とされる形状が異なります。この中で、近年のクレー射撃用散弾銃では手首への負担が少なくなるように、グリップの角度が垂直に近いピストルグリップが用いられることが多くなっています。

　なお、グリップの長さや太さは使用者の手のサイズに合わせて選ぶことが理想ですが、そのためにはオーダーメイドで製作する必要があります。しかしオーダーメイドの銃床はコストが高額になるため、多くの人はその銃に合った最適な握り方を研究する必要があります。

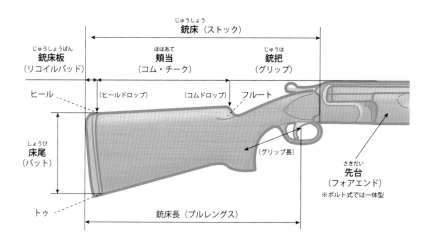

## ●頭を固定して照準を正確にする頬当

　頬当（コム）は銃を構えた際に射手の頬が接触する部分で、正確な照準のためにはここに頬を押し当てて頭を固定する必要があります。

　理想的には、頬当に頬を当てた状態で目と照準が水平になることですが、目の高さは個人差があり、また使用する照準器によっても高さが変わります。そのため頬当にはチークパッドと呼ばれる布を巻いて高さを調整するか、アジャスタブルチークピースと呼ばれる頬当の高さを変えることができる銃床を選ぶ人も増えています。

## ●肩を押し当てるバッド

　床尾（バット）は銃を構えた際に肩の付け根にしっかりと押し当てる部分で、床尾板（バットプレート）や、衝撃を吸収するゴム製のリコイルパッドを装着します。

　バットから引鉄までの距離は**銃床長（プルレングス）**と呼ばれ、射手の腕の長さに応じて最適な長さが異なります。銃を構えた時に腕が過度に伸びてしまう場合は、銃床を切り詰めるなどの調整が必要になります。

## 4 銃身

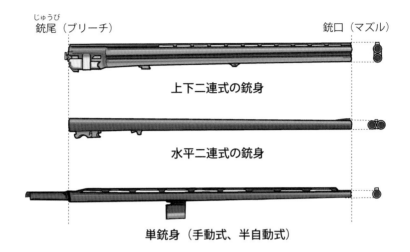

銃尾（ブリーチ）　　　　　　　　　　　　　　　　　銃口（マズル）

上下二連式の銃身

水平二連式の銃身

単銃身（手動式、半自動式）

　**銃身（バレル）** は、燃焼した火薬から発生するガスの圧力を利用して弾
を銃口方向へ加速させる部品です。一見すると単なる「鉄パイプ」に見え
るかもしれませんが、銃身の質は射撃精度を大きく左右するため、非常に
精密に作られています。

### ●散弾銃は平滑銃身

　ライフル銃の場合、銃身の内壁には弾丸に回転を加える施条（ライフリ
ング）と呼ばれる溝が掘られています。しかし、散弾銃の場合はこのライ
フリングがない**平滑銃身（スムースボア）** が使用されます。

　それでは、散弾銃の銃身が鉄パイプのように単純なものかというと、決
してそうではありません。まず、銃身の中で機関部と接している薬室は、火
薬が燃焼したときに猛烈な圧力となるため、非常に厚く作られています。ま
た、銃口は発射された散弾の散らばり（パターン）を調整するために徐々
に狭くなる造りになったチョーク（しぼり）と呼ばれる構造になっていま
す。パターンとチョークの関係について詳しくは後述します。

　余談になりますが、散弾銃の中にはライフリングを持つタイプも存在し

ます。これは「ライフルドショットガン」と呼ばれており、サボットと呼ばれる単発弾を精密に発射する銃身を持つ散弾銃です。しかし日本では、ライフリング銃身を持つ猟銃は〝ライフル銃〟と定義されているため、散弾銃としてこの銃を所持することができません。そこで日本では、このライフルドショットガンのライフリングを5分の1に削った銃が流通しています。

## ●クレー射撃用の銃身は26〜30インチ

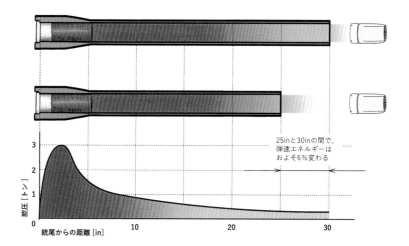

25inと30inの間で、弾速エネルギーはおよそ6％変わる

　銃身の長さは銃の種類や用途によって異なり、適切でない長さでは性能に影響が出ます。銃身が短すぎると、火薬の燃焼ガスの圧力が十分でなく、弾の初速が低下し、銃身が長すぎると銃の重量が増え、取り回しが悪くなるため操作が難しくなります。一般的に、散弾銃の銃身長は21インチ（53cm）から30インチ（76cm）が流通しており、クレー射撃ではクレー射撃用の弾と相性がよい26〜30インチが使われています。

　なお、最適な銃身長は競技種目によっても異なり、手前から奥に向かってクレーが飛ぶトラップ競技では初速が速く遠方を狙いやすい30インチが主流です。一方で、近い位置を飛ぶスキート競技では据銃の速さが重要になるため、取り回しのよい26〜28インチが用いられます。

2
散弾銃

## 5 銃口

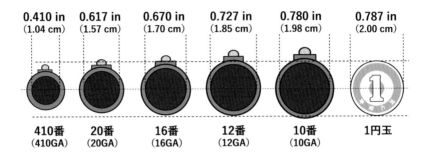

| 0.410 in (1.04 cm) | 0.617 in (1.57 cm) | 0.670 in (1.70 cm) | 0.727 in (1.85 cm) | 0.780 in (1.98 cm) | 0.787 in (2.00 cm) |
|---|---|---|---|---|---|
| 410番 (410GA) | 20番 (20GA) | 16番 (16GA) | 12番 (12GA) | 10番 (10GA) | 1円玉 |

　銃身の先端部分は**銃口（マズル）**と呼ばれ、その大きさを**口径（カリバー）**と呼びます。散弾銃では銃口の形状であるチョークが散弾の広がりを調整するため、狙う距離やターゲットの種類に応じて選ばれます。

### ●クレー射撃用の散弾銃は12番口径がベスト

　ライフル銃の口径は通常、「30口径＝0.3インチ」のようにインチ単位で表記されますが、散弾銃では**番（ゲージ）**で表記されることが一般的です。ゲージの数値は「1ポンドの鉛玉が通る銃口のサイズを1番とした分割数」を意味しており、例えば半分の鉛玉が通る銃口を2番、1/3ポンドの鉛玉が通る銃口を3番として表記します。

　日本では所持できる銃口の最大サイズが12番までと規制されています。クレー射撃には散弾の数が多いほど有利なため、12番が一般的に使用されます。12番よりも小さい口径は、日本では20番や410番（0.41インチ）、海外では16番が流通しています。これらは12番の散弾銃よりも銃の重量が軽くなるため、主に狩猟用途で用いられます。また、スラッグ弾やサボット弾といった単発弾を発射する専用散弾銃も、12番よりも小さい口径の銃がよく利用されています。

## ●チョークは散弾の拡散速度を調整する仕組み

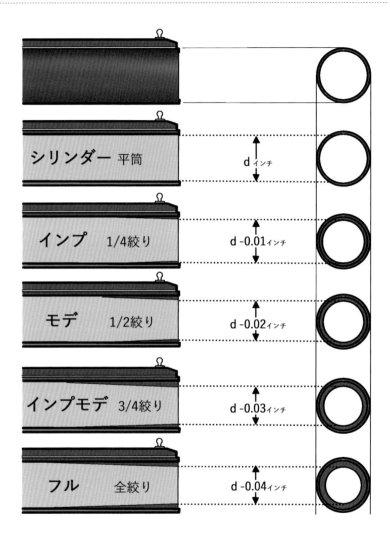

**2**
散弾銃

　散弾銃には**チョーク**という独特の機構があり、これは銃口が銃身に比べて徐々にすぼまるようになっています。このチョークによって、散弾の拡散範囲（パターン）を調整し、銃弾が広がる具合を制御します。チョークを通ることでパターンが変化する原理については、後述の「ワッズカップ」の解説で詳しく説明します。

## ●チョークとパターンの変化

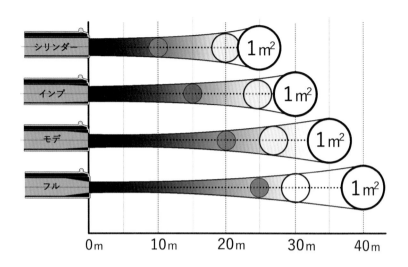

　散弾銃のチョークは、シリンダー（無絞り）を基準に、インプ（1/4絞り）、モデ（1/2絞り）、インプモデ（3/4絞り）、フル（全絞り）と、0.01インチ刻みで狭くなります。逆にシリンダーより0.01インチ広がる「スキート」もあり、合わせて6種類のチョークが存在します。

　チョークがフルに近いほど散弾の拡散速度が遅く、遠距離まで散弾を集中させることが可能です。一方、スキートに近いチョークは拡散速度が速くなるため、近距離で散弾を広範囲に拡散させます。

　チョークをどのように選ぶかは標的との距離によって変わり、目標が遠い場合はフルに近いチョークを、近距離であればスキートに近いチョークを選びます。そのため手前から奥に向かってクレーが飛ぶトラップの場合、上下二連式の初矢はインプモデ、二の矢はフルのチョークよく使われます。スキートの場合はクレーが射手に向かって飛んでくる射座もあるため、拡散が速いスキートのチョークが用いられます。

　チョークの拡散効果は、散弾の大きさや火薬の量などで変わりますが、シリンダーでは25メートルで1平方メートルに拡散するのに対し、フルではその距離を40メートルまで伸ばすことができます。

## ●チョークの役割を花壇に撒く水で考えてみる

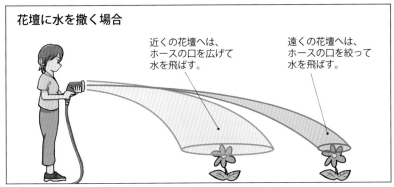

花壇に水を撒く場合

近くの花壇へは、ホースの口を広げて水を飛ばす。

遠くの花壇へは、ホースの口を絞って水を飛ばす。

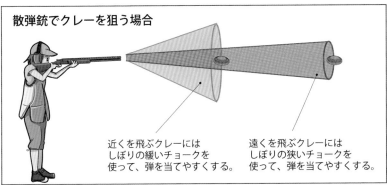

散弾銃でクレーを狙う場合

近くを飛ぶクレーにはしぼりの緩いチョークを使って、弾を当てやすくする。

遠くを飛ぶクレーにはしぼりの狭いチョークを使って、弾を当てやすくする。

2 散弾銃

　チョークの役割は散弾銃における重要な要素なので、その役割を「ホースで水を撒く」行為に例えてみましょう。例えば遠くの花壇に水を届けたいとき、ホースの口を絞っておくと狙った花壇に効果的に水を撒くことができます。散弾銃の場合も同じように、遠距離のターゲットに散弾を集中させるためには、チョークを絞っておいたほうが命中率を高めることができます。一方で、近くの花壇に水を広範囲に撒きたい場合はシャワーヘッドを使い、ホースの口を広げます。散弾銃も同様に、緩いチョークで散弾の拡散を早めることで、近距離での命中率を高めることができます。

　上記例の注意点として「チョークは散弾の飛距離に影響を与えない」という違いを覚えておいてください。水はシャワーヘッドだと飛距離が短くなりますが、散弾はフルでもスキートでも到達距離は変わりません。

　**照準器（サイト）**は、標的に対して正確に狙いを定めるための最重要部品です。照準器には様々な種類がありますが、ここでは先に照準器の重要な考え方である「ゼロイン」について理解を深めましょう。

## ●弾はまっすぐに飛んでいかない！

　フィクションの世界では、銃から発射された弾が直線的に飛んでいく場面をよく見かけますが、現実の世界ではそうはいきません。なぜなら、銃から発射された弾は重力の影響を受けるため、毎秒約9.8メートルの加速度で地面に向かって落下するためです。つまり現実世界では、標的に対して正確にまっすぐ狙って撃ったとしても、弾は必ず狙った場所の〝下〟に命中することになります。

　落下する弾を遠方の標的に対して正確に命中させるためには、弾を斜め上に撃ち上げなければなりません。しかし、常に直感に頼って「標的の上」を狙いながら正確に射撃するというのは、現実的な方法とは言えません。そこで必要となるのが照準器です。照準器は単純に「銃口がまっすぐ向いている」ことを指し示すだけではなく、撃ち上げる角度を〝補正する〟という重要な役割を持ちます。

## ●照準器の基本「ゼロイン」とは？

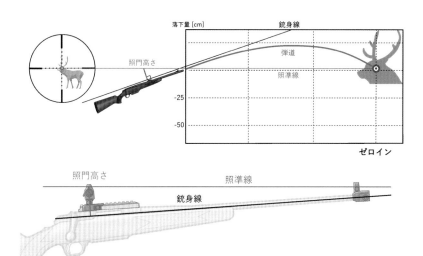

照準器には色々な種類がありますが、ここでは最も原始的な照準器であるアイアンサイト（タンジェントサイト）を例に説明します。アイアンサイトには、目に近い部分に位置する**照門**と、銃身の先端にある**照星**という2つの部品で構成されています。この照星と照門は、照門側がわずかに高くなるように調整されているため、照門と照星が一直線になるように覗いた際に銃口がわずかに上を向くようになります。これにより、射手は意識的に銃を斜め上に向けることなく、照準をまっすぐ合わせただけで弾を正確に命中させることが可能になります。

このとき、放物線を描いて飛んでいく弾の軌跡（**弾道**）と、射手が見ている視線の高さ（**照準線**）は、遠方で交差することになります。この交わる距離を**ゼロイン**といいます。ゼロインは弾の速度によって変わるため、自身が使用する弾を使って試射を繰り返し、希望する距離でゼロインするように照門の高さを調整していきます。この調整作業を**ゼロイン調整**と呼び、例えばその銃を「野池に浮かぶカモを撃つ用途で使いたい」のであれば「50m」。「遠方のシカを狙撃したい」のであれば「100m」、「北海道のような広大な土地でエゾジカを撃ちたい」のであれば「150m」といった具合に、用途に応じて調整を行います。

## ●散弾を撃つときのビーズサイト

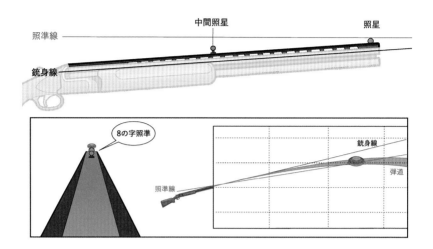

　散弾銃の場合は、高速で飛んでいく鳥やクレーを標的とするため、**ビー
ズサイト**と呼ばれるシンプルな照準器が一般的に使用されます。ビーズサ
イトは銃身上に設置された小さな金属球で、射手は標的をこのビーズに
「乗せる」ようにして照準を付けます。

　ただし散弾銃においても、発射された弾は放物線を描くように飛んでい
くため、真っ直ぐ狙っても弾は照準の下を通過してしまいます。そこでこ
の落下量を補正するために、ビーズサイトには銃身中央にもう一つのビー
ズ（**中間照星**）が設置されます。射手はこの照星と中間照星が「8の字」に
見えるように構えることで、銃身を適切な角度に保つことができます。

　なお、照星と中間照星が成す「8の字」の見え方については、使用する
散弾銃によって異なります。例えば「トラップ銃」と呼ばれるトラップ専
用の散弾銃では、銃床の頬当が高くなっており、構えた時に自然と「クッ
キリとした8の字」が見えるように調整されています。一方で「スキート銃」
の場合、近距離を飛ぶクレーに対応するため照星と中間照星が「やや被っ
た8の字」に見えるよう調整されています。さらに狩猟用の「フィールド銃」
は予測不可能な獲物の動きに対応するため、あえて中間照星を省略してい
たりします。

## ●ビーズサイトを見やすくするリブ

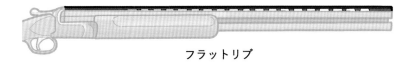

フラットリブ

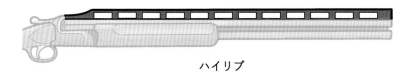

ハイリブ

**2**

照準器

　ビーズサイトは**リブ**というパーツの上に設置され、このリブは銃身上部に銃身と平行に接着されています。リブの上面には光の反射を抑える加工が施されており、太陽光の下でもビーズサイトがはっきりと見えるように工夫されています。また、リブは照星に向かうほど狭くなるデザインになっており、射手が自然と直線的な視線を向くように設計されています。

　リブは背の高さによってフラットリブとハイリブの主に2種類が存在します。ハイリブは顔を立てて照準を付けることで視線を高く保ち、これにより銃を肩に押し当てる位置が下がり、反動が体の中心に近くなります。これは銃口の跳ね上がりを抑える効果があり、射手が2発目の弾を発射しやすくなるほか、クレーの発見が早くなり、左右に飛ぶクレーを追いやすくなります。

　リブの選択は流行り廃りに影響されることもありますが、スキート競技には一般的なフラットリブが使用され、トラップ競技にはハイリブが使用されることが多いようです。なお、照準器は頬付けを行う銃床との兼ね合いが重要になります。専門的な知識がない状態で照準器を変更してしまうと、射撃精度や据銃姿勢に大きな悪影響を与えてしまう可能性があるので、できるだけ詳しい人に相談しながら決めましょう。

## 2. 装弾を知ろう

### 1 散弾実包を知ろう

　散弾銃用の弾は**散弾実包（ショットシェル）**と呼ばれます。クレー射撃ではハンドロード（手詰め）が一般的ではありませんが、銃を扱う者にとって実包の構造を知ることは重要な知識です。

#### ●散弾実包の仕組み

　散弾実包は、装弾（ペレット）を発射するための火薬（ガンパウダー）、火をつける雷管（プライマー）、装弾と火薬の間に挟むワッズ、これらを収納する薬莢（ケース）の5つの部分から構成されています。ハンドロードではこれらの部品を別々に購入し、専用のハンドローダーを用いて散弾実包を成形します。

　しかし、ハンドロードは火薬の量や装弾の量を厳密に計量する必要があり、さらに火薬の押し込み具合で燃焼速度の変化するなど経験が必要になります。そのため散弾実包はハンドロードで自作をするよりも工場で製造されたファクトリーロードの弾の方が信頼性が高く、クレー射撃用の実包に限って言えばコストも安くなります。ただし、スラッグ弾やリボット弾のような特殊な弾の場合は、ハンドロードを行う人も多くいます。

76

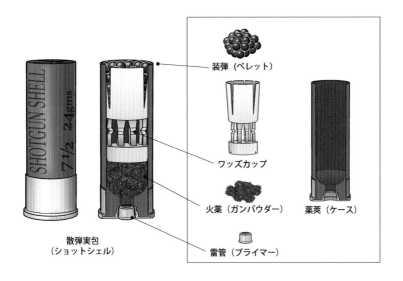

装弾（ペレット）

ワッズカップ

火薬（ガンパウダー）

薬莢（ケース）

雷管（プライマー）

散弾実包
（ショットシェル）

## ●弾を発射するエネルギー源となる火薬

　現在銃用に使われている火薬はニトロセルロースと呼ばれる化学物質をベースに安定剤や助燃剤などを加え、表面を帯電防止用のカーボンでコーティングした**シングルベース**またはそこにニトログリセリンを添加した**ダブルベース**と呼ばれる火薬が用いられています。

　これらの火薬は**無煙火薬（スモークレスパウダー）**とも呼ばれており、花火などに用いられる黒色火薬が燃焼時に大量の白煙を出すのに対し、無煙火薬ではほとんど煙が発生しません。このため連射時に煙が視界を

遮ることがなくなり、命中精度を大幅に向上させることができます。

　火薬の形状は銃の種類によって異なり、散弾銃用の火薬は平べったいチップ状になっています。この形状は燃焼速度を速めることができるため、ライフリングを持たない銃身で装弾を一気に押し出すことができます。

## ●火薬に火を付けるための雷管

火縄銃などの初期の銃は、燃焼する火薬に点火するために、常に燃えている縄や火打石を用いていました。しかしこれらは雨天時や風の強い日には非常に不便であり、信頼性にも欠ける方式でした。これ

を解決するため、19世紀中頃に**雷管**が開発されました。

雷管は小さな容器に感圧性の化学物質を封入し、これが銃の撃針によって打撃されると発火します。この技術の導入により、銃の発射信頼性が大幅に向上し、天候に左右されることなく、瞬時に火薬を点火できるようになりました。

## ●火薬の熱と衝撃から装弾を守るワッズ

雷管から発生した火花は火薬を燃焼させ、実包内部は約2,200℃の高温・高圧のガスで充満します。この高圧ガスが直接装弾に触れてしまうと、装弾が溶けてしまったり、一部が銃身に固着してしまうなどの問

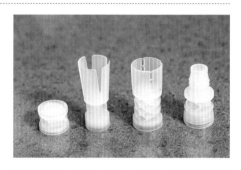

題が生じる可能性があるため、火薬と装弾の間には**ワッズ**という素材が挿入されます。

ワッズは熱や衝撃を吸収させるためにフェルトや厚紙を固めた物でできていますが、近年の散弾実包は、プラスチック製の**ワッズカップ**が使用されています。なお、ワッズカップには硬質プラスチックで作られた「サボット」と呼ばれるタイプもあり、単発弾を詰めてライフリングで回転させながら発射するサボット弾に使用されています。

## ●発射する装弾

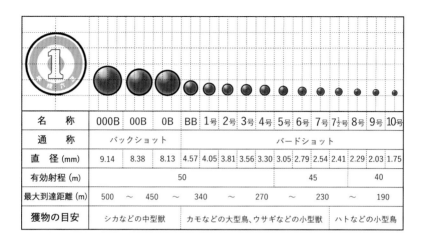

| 名　　称 | 000B | 00B | 0B | BB | 1号 | 2号 | 3号 | 4号 | 5号 | 6号 | 7号 | 7½号 | 8号 | 9号 | 10号 |
|---|---|---|---|---|---|---|---|---|---|---|---|---|---|---|---|
| 通　　称 | バックショット | | | バードショット | | | | | | | | | | | |
| 直　径 (mm) | 9.14 | 8.38 | 8.13 | 4.57 | 4.05 | 3.81 | 3.56 | 3.30 | 3.05 | 2.79 | 2.54 | 2.41 | 2.29 | 2.03 | 1.75 |
| 有効射程 (m) | 50 | | | | | | | | 45 | | | | 40 | | |
| 最大到達距離 (m) | 500 | ～ | 450 | ～ | 340 | ～ | 270 | ～ | 230 | ～ | | 190 | | | |
| 獲物の目安 | シカなどの中型獣 | | | カモなどの大型鳥、ウサギなどの小型獣 | | | | | | | ハトなどの小型鳥 | | | | |

散弾実包には、「薬莢に入る物であればなんでも撃ちだせる」という特徴があります。そのため発射物となる**装弾（ペレット）**には色々な種類があり、単発のスラッグ弾やサボット弾、海外には花の種を詰めた「フラワーショット弾」や、鳥獣を追い払うために爆竹を詰めた「花火弾」といったものまであります。一般的には小粒の鉛玉を詰めた**散弾（ショット）**が用いられており、トラップ競技には「7.5号」、ダブルトラップ競技には「7.5号から8号」、スキート競技には「9号」と呼ばれるサイズの散弾が詰められています。

薬莢内に充填される散弾の量は「何粒」という単位ではなく、グラム（オンス）で表記されます。例えば「3号28グラム（1オンス）」の装弾には、3号の大きさの弾が総量28グラム詰められており、「10号28グラム」の装弾の場合は、10号の大きさの弾が28グラム詰められています。一般的に、装弾量は多いほど弾の数が増えるため命中率が高くなりますが、発射時の反作用が大きくなるので体への負担が大きくなります。

クレー射撃では24グラム、28グラム、32グラムの3種類が使用されており、公式ルールでは24グラムが用いられます。狩猟用には32グラムから35グラムとクレー射撃よりも重い「強装弾」が用いられ、「マグナム」と呼ばれるタイプは53グラムにもなります。

**2**

散弾実包

## ●薬莢のサイズは12番が主流

　薬莢は、装弾、ワッズ、火薬、雷管をまとめて収納し、射撃に必要なすべてを一体化させるための部品です。ライフル銃や拳銃の薬莢は真鍮（ブラス）で作られていますが、散弾銃の場合は初期の真鍮製から、ロンデル付きの紙

薬莢（雷管の部分だけを金属製にしたもの）へと変わり、現代では耐久性と防水性に優れたロンデル付きのプラスチック薬莢に進化しました。

　散弾実包の閉鎖部はクリンプと呼ばれ、古くはパイクリンプという技法で厚紙を使って蝋で固める方法が用いられていました。しかし、現代ではスタークリンプが一般的で、薬莢の口をじゃばら状に折り

曲げて封じることで、内容物の密閉性を高めています。スラッグ弾やサボット弾など単発弾を使用する場合には、薬莢の端を丸めて固定するロールクリンプが採用されています。

　薬莢のサイズは2½インチ（65mm）、2¾インチ（70mm）、3インチ（76mm）の3種類があり、銃身に適合サイズが刻印されています。日本では2¾インチが主流です。また、散弾実包には口径（番）があり、これは散弾銃の口径と一致した物しか使用できません。例えば12番の散弾銃に20番の散弾実包を装填すると、薬室内部が異常な高圧になり薬莢が膨らんで張り付いてしまったり、最悪の場合は銃身が破損してしまいます。そのため多くの散弾実包メーカーでは取り間違いを防ぐために、20番の薬莢を黄色に色分けしています。

## 2 撃発のメカニズム

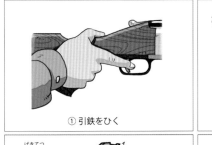

① 引鉄をひく

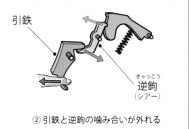

引鉄

逆鉤
（シアー）

② 引鉄と逆鉤の噛み合いが外れる

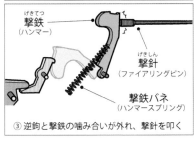

撃鉄
（ハンマー）

撃針
（ファイアリングピン）

撃鉄バネ
（ハンマースプリング）

③ 逆鉤と撃鉄の噛み合いが外れ、撃針を叩く

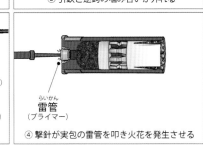

雷管
（プライマー）

④ 撃針が実包の雷管を叩き火花を発生させる

2

散弾実包

　撃発メカニズムはメーカーの設計によっても異なりますが、その原理を限りなくシンプルにすると、**引鉄（トリガー）、逆鉤（シアー）、撃鉄（ハンマー）、撃針（ファイアリングピン）**で説明できます。

### ●撃発の流れ

　撃発のメカニズムは、射手が引鉄を引くところから始まります。引鉄が引かれると、逆鉤が動き、撃鉄とのかみ合いが解除されます。撃鉄はバネによって前方へ力強く押し出され、その動きで撃針を強く叩きます。撃針が雷管に打撃を与えることで雷管から発火し、内部に詰められた火薬が燃焼を始め、弾が発射されます。

### ●クレー射撃の引鉄の重さは1.4〜1.6kg

　**引鉄の重さ（トリガープル）**は、撃鉄が落ちるまでに引鉄にかける必要な力を指します。クレー射撃では、射手が迅速に反応する必要があるため、比較的軽い1.4kgから1.6kgの引鉄の重さが推奨されます。一方、狩猟の場

合は、緊張で不用意に引鉄が引かれないように、少し重めの1.8kgが適切とされています。

　引鉄の**遊び（テイクアップ）**は、引鉄が逆鈎に触れるまでの距離であり、遊びの間は引鉄が無過重で動きます。稀にこの遊びを「故障だ」と勘違いする人がいますが、引鉄に遊びが無いと引鉄に少し力が加わっただけで撃発してしまうため、とても危険です。

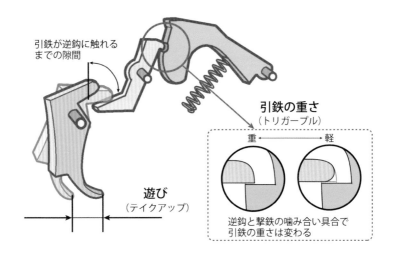

引鉄が逆鈎に触れる
までの隙間

遊び
（テイクアップ）

引鉄の重さ
（トリガープル）

重　　　軽

逆鈎と撃鉄の噛み合い具合で
引鉄の重さは変わる

　引鉄の重さや遊びは、各パーツのかみ合わせ具合を調整することで変更することができますが、この調整はかなり精密で技術が必要となるため、必ず専門の銃砲店で行うようにしましょう。

### ●安全装置では暴発を防げない

　**安全子（セーフティロック）**は引鉄の動きを制止する役割を持ちます。これにより、引鉄が誤って引かれた場合でも撃発しないように設計されています。ただし、安全子は「撃鉄が動かないようにする」ものではないため、銃に強い衝撃が加わった場合、逆鈎と撃鉄の噛み合いが外れることで、引鉄を引いていなくても撃発することがあります。そのため、安全な射撃を維持するには、「射撃が必要でないときは必ず脱包しておくこと」が最も重要であり、これが事故を防止する唯一の手段です。

## 3 実包の燃焼メカニズム

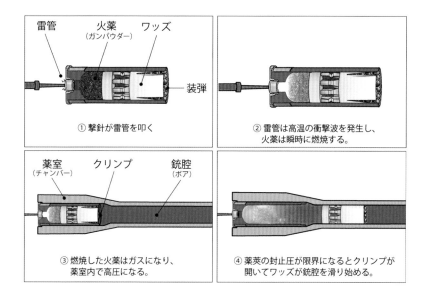

① 撃針が雷管を叩く

② 雷管は高温の衝撃波を発生し、火薬は瞬時に燃焼する。

③ 燃焼した火薬はガスになり、薬室内で高圧になる。

④ 薬莢の封止圧が限界になるとクリンプが開いてワッズが銃腔を滑り始める。

　装填された実包は銃身の後部にある薬室（チャンバー）に収められます。このとき実包は、中折式の場合は銃尾栓、手動式・半自動式の場合は遊底（ボルト）で封鎖されます。

## ●燃焼の仕組み

　撃針が雷管を叩くと、衝撃波を伴う高温の火花が発生します。この火花により火薬は燃焼をはじめ、発生した一酸化炭素・二酸化炭素を主成分とする気体の圧力でワッズを銃口方向に押し出しています。

　実を言うと、銃の火薬は火をつけただけでは「しゅわしゅわ〜」とゆっくり燃えるだけであり、弾を高速で押し出すほどの圧力を生み出すことはありません。高圧を生み出すためには火薬を瞬間的に燃焼させる**爆轟（デトネーション）**が必要であり、この反応を作るためには密閉された空間が必要となります。そのため実包を装填する薬室は高温・高圧に耐えうる設計となっており、銃尾栓や遊底によってしっかりと封鎖されていなければなりません。

83

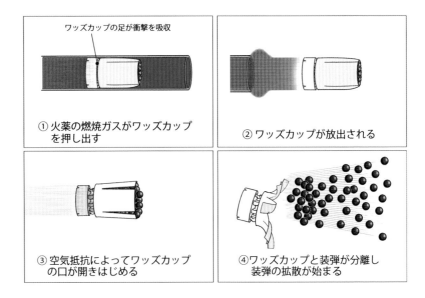

① 火薬の燃焼ガスがワッズカップを押し出す

② ワッズカップが放出される

③ 空気抵抗によってワッズカップの口が開きはじめる

④ ワッズカップと装弾が分離し装弾の拡散が始まる

ワッズカップの足が衝撃を吸収

　火薬の燃焼ガスによって加速されたワッズカップは、装弾をつつんだ状態で銃口から射出されます。しばらくすると軽いワッズカップは重い装弾と分離して飛行しますが、このときの分離するタイミングはチョークによって調整することができます。

## ●チョークにより拡散速度が変わる原理

　前節で解説したように、散弾銃の銃口は「しぼり（チョーク）」と呼ばれる構造になっています。このチョークをワッズカップが通る際に、ワッズカップの口はチョークの形状に沿って絞られることになります。

　チョークが強い（フルに近い）場合、ワッズカップの口も強く絞られるので、散弾が分離するまでの時間が長くなります。その結果、散弾は遠距離までまとまった状態で飛行します。逆に、チョークが緩い（スキートに近い）場合、ワッズカップの口はすぐに開くため、ワッズカップと散弾は速やかに分離して、早くから拡散を始めます。

## ●散弾のパターン

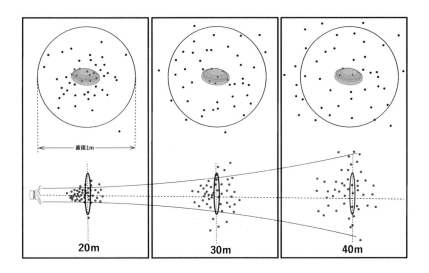

ワッズカップから分離した散弾は、空気抵抗によってそれぞれの速度や軌道が変化し、これによって散弾の広がりが形成されます。このときの平面方向の広がりを**パターン**と呼び、射出方向の広がりを**コロン**と呼びます。

このパターンとコロンによって成る散弾の広がりは、チョークがフルに近いほど遠距離でのまとまりがよくなり、スキートに近いほど近距離で早く広がります。そのため遠距離のクレーを撃つことが多くなるトラップ競技ではインプモデ（3/4しぼり）やフル（全しぼり）が推奨され、スキート競技では近距離で広がりやすいスキートチョークが使用されます。

余談ですが、ライフル銃の場合は1発の弾を正確に命中させる必要があるため、〝点〟を意識して照準を付ける必要があります。そのため照準器には、視界を平面でとらえるテレスコピックサイト（スコープ）がよく使われます。逆に、散弾銃の場合は散弾に広がりを〝立体〟で捕らえる必要があるため、両目を開いて空間的に照準をつけるビーズサイト、リブといった照準器が使われています。

**2**

散弾実包

## 1 クレー射撃用品を知ろう

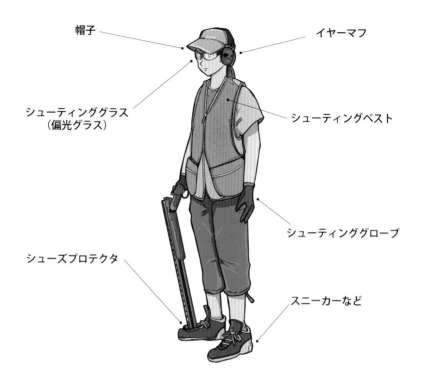

帽子

イヤーマフ

シューティンググラス
（偏光グラス）

シューティングベスト

シューティンググローブ

シューズプロテクタ

スニーカーなど

　クレー射撃には散弾銃や実包以外にも、用意しておかなければならない
装備が色々とあります。本節ではクレー射撃に必要な用品と、服装につい
て解説します。

## ●クレー射撃の服装

　クレー射撃の正式な競技では、ユニフォームは膝上15cmまで、袖の長
さは最低10cm以上と決められています。しかし、クレー射撃や趣味として
楽しむ場合には、これらの服装規定を厳密に守る必要はありません。動き
やすさを優先し、常識的な範囲内であれば普段着での参加も問題ありませ
ん。

| クレー射撃で用意しておくもの | |
|---|---|
| 服装 | シューティングベスト |
| | 帽子 |
| | スニーカーなどの運動しやすい靴 |
| | イヤーマフなどの耳栓 |
| あれば便利な物 | シューティンググローブ |
| | シューティンググラス |
| | シューズプロテクタ |
| 銃の持ち運び用品 | ガンケース・ガンカバー |
| メンテナンス用品 | 洗い矢 |
| | ガンオイル |
| | 空撃ちケース |

**2**

アイテム

クレー射撃においては、専用の**シューティングベスト**が推奨されます。このベストは、散弾銃の実包を入れるための大きなポケットが付いており、プレー中に必要な実包をすぐに取り出せるようになっ

ています。さらに、銃床を肩に当てる際の衝撃を軽減するためにクッションが内蔵されているモデルもあり、特に反動が気になる人にはこのタイプが適しています。

　靴に関しては、安定した履き心地のスニーカーが適切です。サンダルやヒールのある靴、草履などは転倒の危険があるため着用は禁止されています。

　また、クレーの破片が飛び散ることを考慮し、スキート競技では帽子の着用も推奨されています。帽子は破片からの保護だけでなく、日差しを遮る役割も果たすため、できるだけ着用しておきましょう。

## ●耳を保護するイヤーマフ

クレー射撃では散弾銃の発砲音が
非常に大きいため、耳の保護は非常
に重要です。そのため、プレー中は**イ
ヤーマフ**を着用するようにしましょう。
もしイヤーマフを持っていない場合
は、一時的な代替として普通の耳栓
でも構いません。大抵の射撃場には
簡易的な耳栓が販売されています。

　特に便利なのが電子式イヤーマフ
です。これは収音装置が内蔵されており、大きな音はカットしつつ、人の
声などは聞き取れるような仕組みになっています。クレー射撃ではプーラ
ー（クレー放出機のコントロールをする人）からの指示や安全上の注意な
どを聞き逃さないためにも非常に有効です。

## ●ギラつきを抑えるシューティンググラス

**シューティンググラス**はクレー射撃
での視認性の向上と目の保護に非常
に役立ちます。これらのグラスは通常
のサングラスと異なり、偏光フィルタ
ーを使用して太陽の反射光を効果的
にカットする機能を持つものもありま
す。特に明るい日光の下でクレーを追
跡する際、グレア（眩しさ）を軽減し、
ターゲットの視認性を高めます。

　加えて、クレー射撃では撃ち落とされたクレーの破片が飛散するリスク
があります。このため、シューティンググラスは目を飛来物から保護する
ための安全装備としても非常に重要です。

## ●シューズプロテクタはクレー射撃のオシャレアイテム

上下二連式を使用する場合、銃口
を靴の上に置いた状態で待機します。
しかし銃口は火薬のススが付いていた
り、高温になっていたりするため、そ
のまま銃口を靴の上に置くと靴の表面
を傷めてしまいます。そこで靴に**シュ
ーズプロテクタ**と呼ばれる革製のア
クセサリーを取り付けます。

一般的に、射撃場には銃口を置く
ゴム製の板が設置されていることが多いため、シューズプロテクターは必
須のアイテムというわけではありません。しかし、クレー射撃の装いにお
いて伝統的なアイテムなので、〝おしゃれ〟として準備しておくというのも
よいのではないでしょうか。

## ●寒さ対策にシューティンググローブ

クレー射撃では銃の操作がしやす
いように手袋を付けることはあまりあ
りません。しかしクレー射撃場は山間
部にあることが多いため、冬場は手が
冷えて動きが鈍くなってしまいます。

このような場合は**シューティンググ
ローブ**を着用します。このグローブは
薄手で密着した設計になっており、引
鉄の操作がしやすくなっています。指

先が取り外しできるようになっており、射撃の順番が回ってくるまで指先
を温めておく仕組みになっている物もあります。また、夏場であっても手
の汗による銃の滑りを防ぐため、シューティンググローブを着用すること
もあります。

2

アイテム

## 2 ガンバック・ガンケース

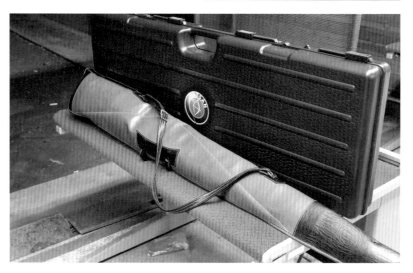

　銃を持ち運ぶ際は、常に「覆い」となる物をかぶせておかなければなりません。この覆いはどのような物でも構いませんが、できればガンバッグやガンケースといった専用の物を準備しておきましょう。

### ●銃を運ぶために必要なガンバック

　**ガンバック**はナイロンなどの柔らかい素材で作られており、肩にかけることができるストラップが付いています。軽量で持ち運びが容易であり、迅速に取り出せるのが特徴です。特にこだわりがなければ、銃砲店で銃と一緒に購入しておきましょう。

　銃を持っているという恐怖感を他人に与えないため、一部では釣竿を入れるバッグやゴルフバッグを使用して持ち運ぶ人もいます。

## ●長期輸送にはガンケースが必要

　硬質プラスチック製の**ガンケース**は、ガンカバーに比べて重量はありますが、保護能力が高く、特に長距離移動時に銃を安全に運ぶのに役立ちます。

　飛行機や船で銃を運ぶ際は、銃は鍵付きのケースに入れて預け荷物として出すよう要求されます。航空会社や船会社によっては専用のケースを提供していることもありますが、提供されない場合は自分で鍵がかけられるケースを用意する必要があります。なお、新銃で散弾銃を購入した場合、多くのメーカーではガンケースも付属していることが多いようです。

## ●装弾用のケースを準備しておく

　クレー射撃用の実包は、できれば射撃場で購入し残弾を残さないように消費することが理想です。しかし全ての射撃場に火薬店が併設されているわけではないため、事前に火薬店で購入した弾を持参する必要がある場合もあります。このときのために弾を運搬する専用のケースを準備しておきましょう。

　弾の運搬ケースは他の物と梱包しなければどのような物でも構いませんが、意外と弾は重量があるので、紙袋やビニール袋で持ち運ぶのはやめましょう。射場ではジュラルミン製のケースを専用の入れ物としている人が多く、また軍隊で使用される弾薬ケース（アンモボックス）が使用されていることもあります。

2
アイテム

## 3 メンテナンス用品

　銃の性能を維持するためには、定期的なメンテナンスが欠かせません。ここでは散弾銃の基本的なメンテナンス方法と道具をご紹介します。

### ●銃身の清掃

　散弾銃のメンテナンスは、まずは銃身を外すところから始めましょう。もちろん〝あってはならないこと〟ですが、万が一薬室に実包が残っていたとしても、銃身が外れていれば暴発事故を起こす危険性は無くなります。

　銃身を取り外したら、油を染み込ませたウェス（布）を棒の先に取り付けて、薬室側から銃口に向けて押し出すようにして内部の清掃を行いましょう。ライフル銃の場合は弾頭がライフリングにめり込みながら移動するため、銃身内部の鉛カスなどを除去する作業が必要になります。しかし散弾銃の場合は装弾がワッズカップに入った状態で銃身を移動するため、銃身内部に金属カスがこびり付くことはほとんどありません。

　銃身を通す棒はなんでも構いませんが、銃のメンテナンス用品に**洗い矢**というものがあります。また使用する油は**ガンオイル**と呼ばれる専用品がベストですが、値段がかなり高いため、ちまたでは「WD-40」という商品名で販売されている防錆・潤滑油が用いられます。最後に、銃身の外側も油を少量含ませたウェスで拭いて、汚れや水分を取り除きます。

## ●中折式は銃尾栓とヒンジを掃除

銃身の清掃が終わったら、中折式の場合は「銃身と機関部の結合部（ヒンジ）」と「薬室を封鎖する銃尾栓」、「撃針孔のまわり」を、油を少量付けたウェスで掃除します。この部分は汚れが溜まると薬室の閉鎖不良や不

発などのトラブルにつながるため、大きな損傷が無いことも含めて確認をしながら清掃をしましょう。

拭き上げが終わったら、撃針に小さな木の板などの当てものをして、引鉄を引いて撃鉄を落とします。撃鉄を休ませる方法には空撃ちケース（スナップキャップ）と呼ばれる道具が使われることもありますが、万が一間違って実包を込めてしまった場合を考えて、使用は推奨されていません。

## ●半自動式などはトリガーユニットとレシーバーを掃除する

半自動式などの場合は、機関部から**トリガーユニット**を取り外して、ユニット本体と機関部内部（レシーバー）を拭き上げましょう。機関部の分解方法は銃の種類によって異なるので、詳しくは購入した銃砲店に尋ねてください。

なお、中折式の銃は構造的に機関部に開放部が無いため、汚れが付きにくい構造になっています。どうしても不調が気になる場合は自分でメンテナンスをするのではなく、銃砲店にオーバーホールメンテナンスを依頼したほうがよいでしょう。

# クレー射撃を
# 始めよう！

第3章

散弾銃を所持し、イヤーマフやガンカバーなどの必要なアイテム
をそろえたら、いよいよ待ちに待ったクレー射撃デビューです！ク
レー射撃には大きく、トラップ競技とスキート競技の2種類がある
ので、本章ではそれぞれのルールと競技のコツについて詳しく解説
をしていきます。

# 1. クレー射撃を始めよう

## 1 クレー射撃場に行こう！

　クレー射撃場は場所によって設備が異なるため、できる競技の種類が違います。そこで、自身が行いたい競技の種類を決めて、その競技ができるクレー射撃場を探しましょう。また射撃場は、季節によっては長期にわたり閉場していることもあるので、訪れる前に営業状況を確認しておくとよいでしょう。

### ●クレー射撃は指定射撃場で行う

　アメリカのように銃の規制が緩い国では、野外で的や空き缶を並べてターゲットシューティングを気軽に楽しむことが可能です。しかし日本では銃刀法の規制により、**指定射撃場**でしかスポーツ目的の射撃は許可されていません。

　指定射撃場は内閣府によって管理体制や設計基準を満たした施設として都道府県公安委員会からの指定を受けた施設で、散弾銃射撃場、ライフル射撃場、拳銃射撃場、空気銃射撃場の4種類があります。クレー射撃を行う場合は、散弾銃射撃場の指定を受けた施設で行う必要があります。全国には約170箇所の指定射撃場が存在しており、巻末に指定射撃場の一覧を記載しているので、参考にしてください。

## ●実包の準備と所持許可証の携帯を忘れずに

クレー射撃場を見つけたら、まずは行きたい日に開いているか電話で確認をしてみましょう。特に土日祝日は団体の予約が入ってくることもあるため、行っても射台に空きがないこともあります。比較的大きな射撃場の場合はホームページがあり、そこに予約状況などが掲載されていることも多いので、参考にしてください。

クレー射撃場に向かう前には、使用する散弾実包を準備しておきましょう。射撃場には火薬店が併設されている場所もあるので、できれば現地で実包を購入し、その日にすべて消費して残弾を持ち帰らないようにしましょう。また、銃の所持許可証も忘れないようにしてください。

## ●まずは受付窓口で射場使用申請書を記入する

射撃場に到着したら、最初に**射場使用申請書**を記入します。申請書に住所、氏名、生年月日、銃所持許可証の番号などの情報を記入したら、射撃場の窓口に提出します。このとき併せて、銃の所持許可証を提示しましょう。

**3**

競技準備

## ●費用は弾代込みで1日2万円ぐらい

申請書を提出したら、次に施設利用料とラウンド料金を支払います。施設利用料は射場入場料や空薬莢の処理費、鉛回収費、保険料などが含まれ、料金は700円から2,000円程度と施設によって異なります。

ラウンド料金はクレー射撃の回数に基づいており、クレー1枚あたり約40〜50円で計算されます。通常、1ラウンドで25枚のクレーが使用されるため、1ラウンドあたり約1,000円が目安です。

一日に何ラウンドを行うかは人によって異なりますが、だいたい4から6ラウンド行う人が多いようです。6ラウンドで計算した場合、『施設利用料1,000円』、『ラウンド料金6,000円』、25発入り散弾実包1箱約2,000円として、『弾代は6箱12,000円』となり、合計して約2万円が必要となります。2020年代に入って火薬の値段が高騰したため少々高くなりましたが、だいたいパブリックコースでゴルフを楽しむぐらいの値段です。

## 2 射撃場でのマナー

　射撃場での銃の取り扱いには、特有のマナーが求められます。他の利用者もいるため、これらのマナーを遵守し、安全で快適な環境を保つよう心がけましょう。

### ●発砲直前まで装填しないこと

　散弾実包は、射手の番が回ってくるまで装填してはいけません。弾を装填したまま射場を歩き回ることは、マナー違反ではなく銃刀法違反（違法装填）として違法になります。

　装填数は、1回の射撃で必要な弾数だけに限ります。例えばシングルトラップでは1枚のクレーに2発まで発砲可能なので、2発装填します。スキートでは1枚のクレーに1発のみなので、放出されるクレー1枚に対して1発ずつ装填しましょう。

　発砲しなかった実包が薬室、弾倉に残った場合は、速やかに排莢します。手動式や半自動式は弾倉が空であることを確認し、中折式は銃を折って確認します。脱包確認は、無意識で行えるほどに習慣化することが重要です。安全確認のクセを徹底して身につけましょう。

## ●銃口を人に向けないこと

上下二連式の待機姿勢 　　　　手動式・自動式の待機姿勢

　競技中も待機中も、銃口が他人に向かないよう細心の注意を払いましょう。中折式銃の場合、銃を折った状態で銃口をシューズプロテクタや設置されたゴムマットの上に置くのが安全です。持ち運ぶ際は、銃を折った状態で肩にかけ、銃口が前斜め下を向くようにします。

　手動式や半自動式銃の場合は薬室が開いていることが遠方からはわかりにくいので、必ず銃口が上を向くように持ちます。銃床を足の付け根に置き、先台をしっかり握って持ち運びましょう。肩に銃を担ぐ際は、銃口が水平にならないよう気

をつけてください。天秤棒のように真横に銃口を向けてかつぐ行為はマナー違反に当たるので、避けるようにしましょう。

## ●薬室を解放して銃架に置く

ラウンドの待ち時間や休憩中は、銃を射場に設置された銃架に置きます。この際、薬室を開放し、弾が装填されていない状態であることを周囲に明示しましょう。

上下二連式などの中折式銃では銃を折り、手動式や半自動式銃では遊底を開いた状態にしておきます。特に手動式や半自動式の銃では、遊底が開いているか一目で確認しにくいため、明るい色のハンカチを薬室に挟むなどして目立たせるとよいでしょう。「セーフティフラッグ」と呼ばれる薬室に挟むプラスチック製の部品も販売されています。

他人の銃に触れることは厳禁です。また、取り間違いを防ぐために、自分の所持する銃と同じ銃を使う人が射場内にいないか、確認をしておきましょう。

## ●競技中は私語禁止

競技中の私語は慎みましょう。多くの射撃場で使用されているクレーの放出機構が音声認識システムを採用しているため、無関係な話声が誤ってクレーを放出するトリガーとなることがあるからです。また、射場での観戦中も同様に、私語は控えめにすることが求められます。

## ●不発時は10秒待って脱包

引鉄を引いた後に弾が発射されない「不発」が発生した場合は、その場で10秒間静止して待機しましょう。火薬が遅れて発火する「遅発」の可能性があるため、急いで排莢すると突然弾が発射される危険があります。

## ●銃口を上げて閉鎖する

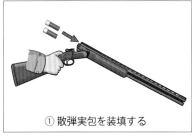

① 散弾実包を装填する

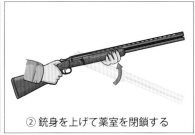

② 銃身を上げて薬室を閉鎖する

　中折式の装填時には、『銃身を上げて薬室を閉じる』という手順が取られます。この方法は、もし装填時に銃が暴発するような事態が発生した場合でも、銃口が上空を向いているため、弾が人に当たるリスクを最小限に抑えることができます。

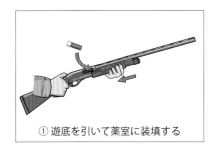

① 遊底を引いて薬室に装填する

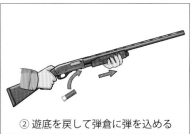

② 遊底を戻して弾倉に弾を込める

　手動式・半自動式でも、銃口は上向きにして装填を行います。装填をするときは、手動式は遊底をしっかりと戻し、半自動式の場合はラッチを押して薬室を閉じます。適切に閉じていないと次弾の装填に障害が生じる「回転不良」を引き起こす可能性があるため、特に注意が必要です。

## ●競技中はプーラーの指示に従う

　クレー射撃では、射場に**プーラー**と呼ばれる進行を行う人が付いています。何か問題があった場合は、プーラーから指示や指導があるので、必ずそれに従うようにしましょう。競技開始前と後には、プーラーに挨拶をすることも忘れないようにしましょう。

**3**

競技準備

## 3 クレーピジョンとクレー放出機

　クレー射撃場にはいくつかの機器が設置されています。これらは自分で操作することはありませんが、競技を行う上で、これら機器について基本的な知識を持っておくことは重要です。

### ●クレーピジョン

　クレー射撃で使用される**クレーピジョン**は、直径110mm、厚さ25mmの蛍光色に塗られた素焼きの円盤です。競技中、この円盤は専用のクレー放出機から放出されます。クレーが撃破されたかどうかはプーラーによって判定されます。

　「クレーピジョン」という名前は、かつて本物の鳩が競技の標的として使用されていた18世紀末の射撃競技に由来しており、撃破されずに放出機から壊れて飛び出すクレーを「ノーバード」と呼びます。「プーラー」という名前も、この時代の鳩を入れた箱を引っ張る役割から来ています。

クレーピジョンには様々な種類があり、命中の確認がしやすいようフラッシュクレーや、地面を転がるラビットクレー、高速で放物線を描くバーチュークレー、塗装されていないホワイトクレーなどがあります。

## ●クレー放出機

クレーは射撃場内に設置された**クレー放出機**にセットされ、時速80〜120kmの速度で放出されます。放出されるクレーの角度と方向は、プーラー室から操作が行われ、競技の難易度調整やノーバード時のやりなおし作業が行われます。

微妙な差ではありますが、クレー放出機はメーカーによってクレーの飛び方にそれぞれクセがあります。主なメーカーには、イタリアのマタレリー社、フランスのラポルテ社、フィンランドのナスタ社、国産のタナカ社などがあります。

## ●マイクロフォン

クレーの放出合図は、射手の前に設置されたマイクロフォンによる音声認識で行われます。伝統的には「プル（引け）」という声が使用されますが、マイクロフォンがしっかりと拾える声の大きさで

あれば「はい」でも構いません。無駄に体を力ませないために、「あー」や「うー」と発声している人が多いようです。

3
競技準備

## 1 据銃姿勢の基本

　射撃において、銃を構えて狙いをつける体勢のことを**据銃姿勢**といいます。据銃姿勢では、スタンス（立ち方）、銃の持ち方、照準の付け方の3つに注意しましょう。

### ●据銃姿勢は、まず〝基本〟から

　クレー射撃場に行くと、射手は様々な据銃姿勢を取っています。特に長年狩猟をしている高齢者の射手は、「本当にそんな姿勢で弾が当たるのか？」と思わせるような独特な構え方をしていることもありますが、意外にも高得点を獲得していたりもします。

　突き詰めて考えると、据銃姿勢は体格や銃床の形状、使用する照準器の種類によって、最適なスタイルが変わります。このような柔軟性は、クレー射撃が障害者や高齢者、女性でも同じルールで楽しめるユニバーサルスポーツとされる一因でもあります。しかし初心者はまず、一般的に「基本」とされる据銃姿勢を学びましょう。何事も上達の基本は「真似る」ことです。実績を積み重ねた上で、問題点や改善点が明確になった際には、指導者と相談しながら自分に合った据銃姿勢を探っていくのがよいでしょう。

## ●スタンス

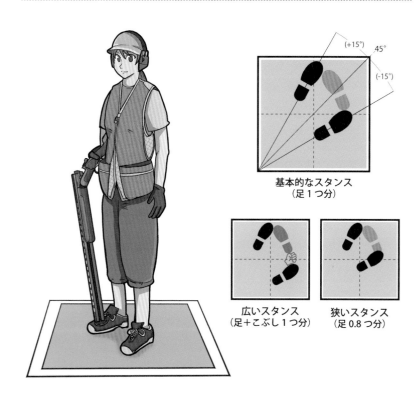

基本的なスタンス
（足１つ分）

広いスタンス
（足＋こぶし１つ分）

狭いスタンス
（足 0.8 つ分）

　　クレー射撃で**射座**に立つ際の足の位置は、利き手によって異なります。右手が利き手の場合は左足を前に、左手が利き手の場合は右足を前にします。両足の間は「足1個分」を基準に調整してください。

## ●射座に入るときは、常に同じフォームを心がける

　　射座に入るときは、例えば、『初めに射座の中心に両足をそろえて、右足（右利きの場合）を射座の中心に踏み入れ、左足を射座前方の白線に添え、最後に右足を45°に開いて正面を向く』といった具合に、常に同じ手順で入ることを心がけましょう。射座への入り方が毎回変わると、クレー放出口に対して体の向きや位置が毎回変わってしまい、失中した際の〝問題の洗い出し〟が難しくなってしまいます。

## ●利き目を調べる

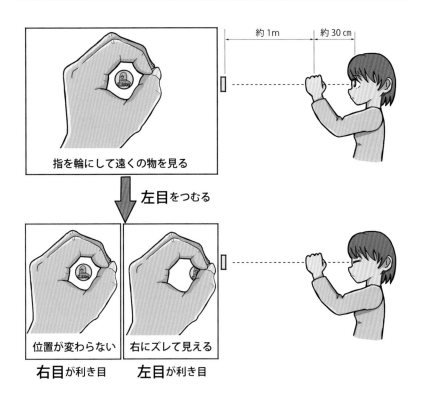

約1m　約30cm

指を輪にして遠くの物を見る

**左目**をつむる

位置が変わらない　右にズレて見える

**右目**が利き目　**左目**が利き目

　正しく据銃姿勢をとるためには、あらかじめ自身の利き手と**利き目**を調べておく必要があります。「利き目」という言葉は聞きなれないかもしれませんが、私たち人間の目にも手と同じように〝優位に働く目〟が決まっており、特に高速で飛行する標的を撃ち落とす散弾銃の射撃においては、この利き目で照準器をのぞき込むことが大切になります。

　理想的には利き手と利き目が同じであることですが、利き手と利き目がチグハグの場合は、射撃の構え方を工夫する必要があります。もしくは、シューティンググラスに利き目を補正するための特別なシールを貼る、または照星を蛍光性の素材で作られたオプティカルファイバーサイトに変更するなどの対策が考えられます。

## ●グリップの握り方

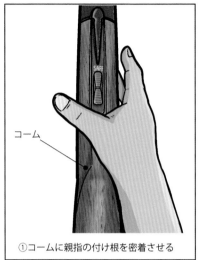

①コームに親指の付け根を密着させる

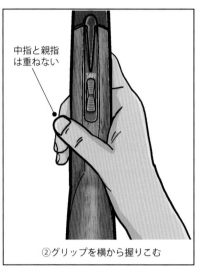

中指と親指は重ねない

②グリップを横から握りこむ

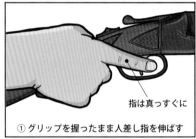

指は真っすぐに

① グリップを握ったまま人差し指を伸ばす

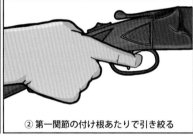

② 第一関節の付け根あたりで引き絞る

**3**
据銃姿勢

　グリップの握り方は銃床の形状で変わり、伝統的なストレートグリップの場合は、肩を張って真上から持ち上げるように握ります。しかし近年の散弾銃はハーフピストルグリップまたはフルピストルグリップが採用されており、これらは拳銃のように、グリップを横から握るようにします。

　引鉄の引き方は、精密性が求められるライフル銃では重要な要素ですが、散弾銃の場合はあまり気にする必要はありません。引鉄をひったくるように引く「ガク引き」はライフル銃では悪癖とされていますが、散弾銃ではガク引きになるぐらい勢いよく引くほうがよいとされています。

## 2 据銃姿勢の取り方

　射座でスタンスが決まり、弾を装填したら、銃を持ち上げて据銃姿勢を取ります。この据銃姿勢を取るときは焦って行う必要はありません。まずは準備姿勢を取ってから銃を引き上げ、頬付け・肩付け・照準の3つが1回の動作でピッタリと決まるように、繰り返し練習をしましょう。

・・・・・・・・・・・・・・・・・・・・・・・・・・・・・・・・・・・・・・・・・・・・・・・・・・・・・・・・・・・・・・・・・・・・・

●据銃準備

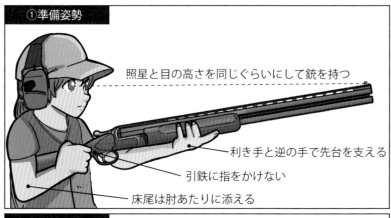

①準備姿勢

照星と目の高さを同じぐらいにして銃を持つ

利き手と逆の手で先台を支える

引鉄に指をかけない

床尾は肘あたりに添える

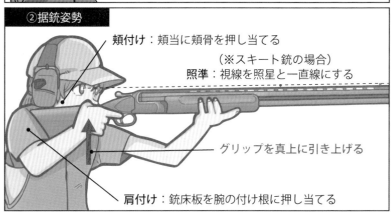

②据銃姿勢

頬付け：頬当に頬骨を押し当てる

（※スキート銃の場合）
照準：視線を照星と一直線にする

グリップを真上に引き上げる

肩付け：銃床板を腕の付け根に押し当てる

○ 正面から見て先台と顔面が直線に並ぶように構えると、肩付けと頬付けがグリップを引き上げる動作1回で決まる。

× 先台の位置が肩側に寄ると、グリップを引き上げても頬付けが決まらない。

　据銃の準備姿勢では、利き手と逆の手で先台を支え、銃床を肘あたりまで下ろし、照星が目の高さと同じくらいにくるように持ち上げます。

　正面から見ると、先台を支える手は顔面と同じ線上に位置します。よくある間違いとして、上図右のような持ち方をする人がいますが、この姿勢では銃を引き上げと、頬付けか肩付けのどちらかが崩れてしまい、上手く照準を付けることができません。

## ●グリップは真上に持ち上げる

　据銃姿勢においては、グリップを「真上に引き上げる」ことがポイントです（ハーフピストルグリップやフルピストルグリップの場合）。この動作が正しく行えれば、準備姿勢からグリップを引き上げるだけで、頬付け、肩付け、照準の3つが自然に一致します。

　指導員の中には「初心者のうちは、頬付け・肩付け・照準の動作を段階的に分けて練習したほうがよい」という意見もありますが、本書では初めから実践的な形で練習を行うことをオススメします。

3

据銃姿勢

## ●肘や肩を張らないようにする

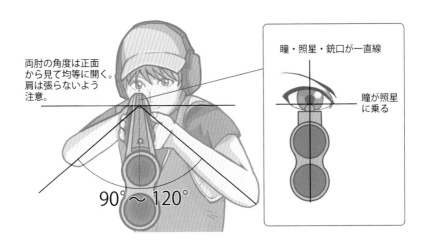

両肘の角度は正面から見て均等に開く。肩は張らないよう注意。

瞳・照星・銃口が一直線

瞳が照星に乗る

90°〜120°

　正しい据銃姿勢を取ると、正面から見た場合、左右の腕は45°から60°の角度で対称に開いて見えるはずです。逆に肩が上がっている、または肘が極端に左右非対称である場合は、肩や肘を曲げて無理に銃を持ち上げている可能性があります。

　両肘の角度は、鋭角にするほど機敏な銃操作が可能となり、逆に鈍角になるほどゆっくりとした動作で精密性が上がります。一般的に、肘の角度はトラップ競技では広めに、スキート競技では狭くします。この角度は個人の好みや腕の長さにも左右されるため、自分にとって構えやすい角度を見つけるために練習を重ねてください。

## ●瞳は照星に乗るようになる

　据銃姿勢を取った人を銃口側から覗くと、射手の瞳が照星に〝乗る〟ように見えます。もし瞳が照星よりも上に行き過ぎていたり、逆に瞳が照星に隠れている場合は、ベントの高さを調整する必要があります。

　瞳と照星の位置は鏡ではわかりにくいので、射撃指導員に確認してもらうとよいでしょう（もちろん、脱包した状態で行ってください！）。

●頬当に頬骨が乗っていることを意識する

正しい頬付け

頬骨にしっかりと
頬当を押し付ける

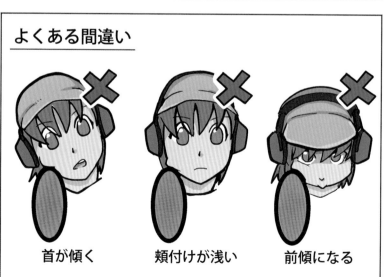

よくある間違い

首が傾く　　　　頬付けが浅い　　　　前傾になる

3

据銃姿勢

頬付けは、頬骨に銃床の頬当がしっかり乗るように構えることが大切です。一般的な間違いとして、『首が傾いている状態で頬骨が銃床に触れている』、『頬付けが浅くて頭が宙に浮いている』、または『首が前に傾いてしまっている』ことが挙げられます。これらの不適切な頬付けは、射撃の反動で銃が跳ね上がり、顔を強く打つ原因となります。

## ●肩付けが甘いと痛い目を見る

　**肩付け**は、床尾のヒール（上側）が鎖骨と肩関節の間にしっかりと収まり、トゥ（下側）が胸の筋肉にきちんと乗るようにします。銃床の設計によってはヒールからトゥまでに角度が設けられており、肩から胸にかけての曲線にフィットする形状になっていることもあります。

　床尾と肩の間に隙間があると、射撃の反動で銃が後退して、肩を強く打つ原因になります。1度ぐらいなら大した衝撃ではありませんが、これが何発も続くと〝青あざ〟ができるほど痛くなってくるので注意が必要です。

　正しい据銃姿勢ができていても床尾と肩の間に隙間が生じてしまう場合は、銃床板（バットパッド）を追加することで床尾を延長し調整することができます。逆に、グリップが遠くて引鉄が引きにくい場合は、銃床長（プルレングス）を短く調整するために銃床板を薄い物に交換します。

　銃の全長は「銃床板を除く長さ」と定義されているため、銃床板を交換しても所持許可証を書き換える必要はありません。逆に、銃床にパテを盛って延長したり、削って短縮したりする改造は、所持許可の書き換えが必要になります。

## ●肩付けの位置は胸と腕の間

　据銃姿勢が整ったら、最後に体の重心を整えましょう。クレー射撃では上半身をスムーズに動かすために、体の中心はやや前に傾くようにします。このとき腰が不自然に曲がったり、下腹が突き出たりしないように注意しましょう。理想的には爪先に少し体重を乗せるイメージで、バランスの取れた体勢を見つけます。

基本的な重心の取り方

よくある間違い

体の中心より、やや前傾

下腹が出ている

腰が引けている

　重心の配分には、両足に均等に体重を分散させるダブルピボット（両軸回転）と、前に出した足に主に体重をかけるシングルピボット（片軸回転）の二つの方法があります。シングルピボットは動きが素早くなりますが、バランスが取りにくいため初心者には扱いにくいことがあります。そのため、初めて射撃を行う場合は、より安定したダブルピボットでの構えから始め、徐々にシングルピボットへの適応を試みるとよいでしょう。

# 3. トラップ競技を楽しもう

## 1 トラップ競技を始めよう！

　数多くのクレー射撃競技の中で、特に競技人口が多いのがトラップ競技です。本節では日本で最も一般的なトラップ競技のルールである、国際射撃連盟（ISSF）によって定められたオリンピックトラップについて解説をします。

### ●トラップ競技のルール

　**トラップ**競技（オリンピックトラップ、以下「トラップ」と表記）は、トラップ射場と呼ばれる専用のコートで行われます。このコートには5つの**射座**（ステーション）があり、最大6人まで参加できます。

　射手は射座の上に立って射撃を行います。射撃の順番は、1番射座から右方向に移っていき、5番射座が終わったら再び1番射座から射撃を行います。射手は自分の射撃が終わったら、右の射座に移動し、5番射座で撃ち終わったら、プーラー室の裏を通って1番射座に向かいます。

　クレーは1射手につき25枚放出され、クレーを1枚撃破するごとに1点となります。全て撃破すると「満射」と呼ばれ、最高点は25点となります。

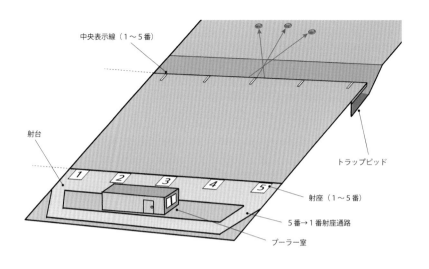

中央表示線（1〜5番）

射台

トラップピット

射座（1〜5番）

5番→1番射座通路

プーラー室

　トラップ競技では、1枚のクレーにつき2発まで発砲できます。この1発目の射撃は**初矢**、2発目は**追い矢（二の矢）**と呼ばれ、どちらで撃ち落としても点数は「1点」で変わりません。また、散弾の命中の仕方によっては、クレーが完全粉砕ではなく一部が欠ける程度であることもありますが、この場合も、どちらも点数は1点で変わりません。

## ●トラップ射場の構造

　公式のルールでは、**射台**（射座が並んでいるエリア）からクレー放出機までは規定で15mと設定されていますが、練習目的でトラップ競技を行う人々のために、5mや10mの地点に射座が設置されている場所もあります。

　クレーが放出される場所はトラップピット、またはトレンチと呼ばれており、射台より低い位置に設置されているため射手から直接見ることはできません。しかし、射台の真正面には射座ごとに白い中央表示線があり、これを目印にして放出機の位置を特定することができます。

3

トラップ

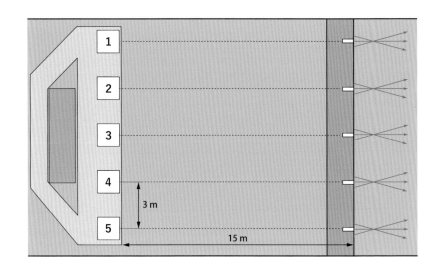

## ●クレーの放出方向と角度

クレー放出機は、1つの射座に3台設置されており、正面、右、左に向けて配置されています。つまりトラップピッドには5射座×3台＝15台のクレー放出機がセットされています。

オリンピックトラップのルールでは、射手1人につき正面から5枚、右方向から10枚、左方向から10枚のクレーが放出されます。放出される順番はランダムですが、特定の方向が増減することはありません。クレー放出機は上下角度の調整も可能で、トラップピッドから10メートルの地点で上限3.5m、下限1.5mを通るように設定されており、クレーは75〜77mの距離に到達する速度で放出されます。つまり、低く放出されたクレーは初速が速く、高く放出されたクレーは初速が遅くなります。

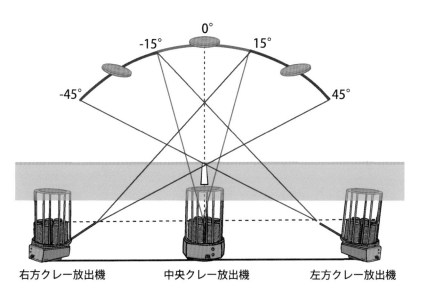

右方クレー放出機 | 中央クレー放出機 | 左方クレー放出機

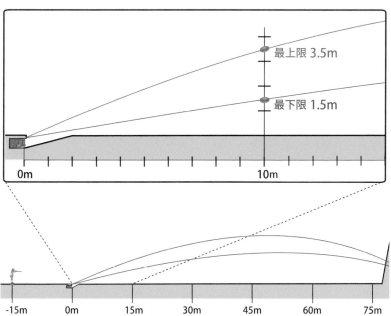

最上限 3.5m

最下限 1.5m

0m | 10m

-15m | 0m | 15m | 30m | 45m | 60m | 75m

**3**

トラップ

## 2 トラップ競技の流れ

　本節では、より具体的にトラップ競技の流れを解説します。競技の流れは、実際に1、2回参加する程度で覚えられるぐらいシンプルではありますが、初めてのラウンドで混乱しないよう、事前に流れを理解しておくことが大切です。

### ●競技開始までの流れ

　トラップ競技を始める際は、最初に事務所（クラブハウス）でスコアカードを受け取ります。その後、スコアカードをトラップ射場のプーラーに渡してエントリーを完了させ準備を済ませたら、開始の合図があるまで射台の近くで待機しておきましょう。

　参加する射撃グループは**射団**と呼ばれ、6人でエントリーするとそのまま射団として登録されます。6人未満でエントリーした場合は、他の参加者と一緒に射団を組むことがあります。プーラーから開始の合図があったら、指定された射座につきます。

　射撃は1番射座から始まります。順番が回ってきたら据銃姿勢をとり、任意のタイミングでコールを行います。クレーはコールに併せて自動的に放出されるので、これを2射以内に撃破してください。プーラーが「命中し

「た」と判断した場合は何の合図もありませんが、「失中した」と判断された
場合はブザー音で知らされます。

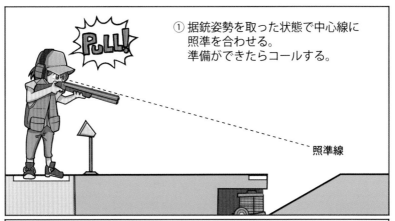

① 据銃姿勢を取った状態で中心線に
照準を合わせる。
準備ができたらコールする。

PULL!

照準線

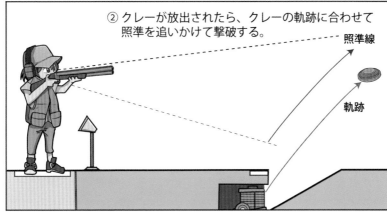

② クレーが放出されたら、クレーの軌跡に合わせて
照準を追いかけて撃破する。

照準線

軌跡

**3**

トラップ

## ●据銃から射撃までの流れ

　自分の射撃が終わったら、次のページに示すような流れで射座を移動し
ます。射団が6人以下であれば、『右隣りの人の射撃が終わったら射座を出
る』というルールで動きます。

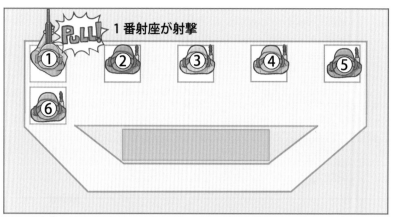

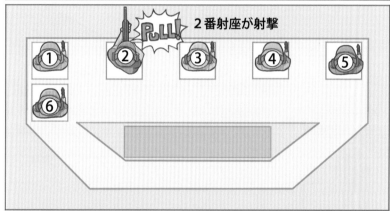

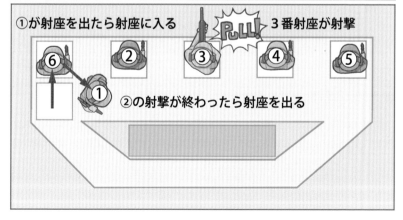

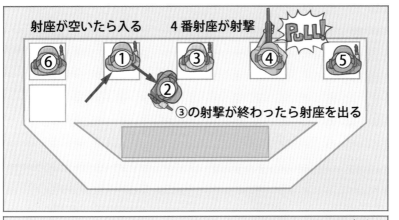

射座が空いたら入る　　4番射座が射撃

③の射撃が終わったら射座を出る

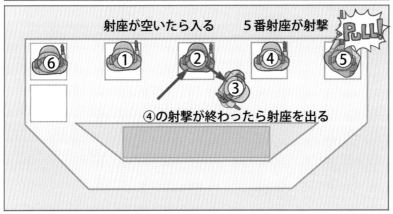

射座が空いたら入る　　5番射座が射撃

④の射撃が終わったら射座を出る

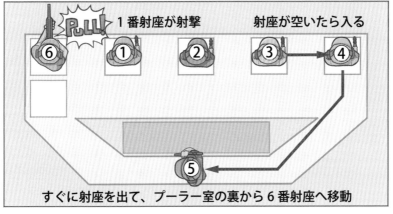

1番射座が射撃　　　　射座が空いたら入る

すぐに射座を出て、プーラー室の裏から6番射座へ移動

3
トラップ

## 3 トラップ競技のコツ

　トラップ競技を体験した後、皆さんはどのように感じましたか？「思ったよりも当たった」と感じた方もいれば、「クレーが全く見えなかった」や「クレーに照準が追いつかない」と感じた方も多いでしょう。本節では、トラップ競技で成功するための「コツ」について詳しく説明します。

### ●コールまでの動作と呼吸

　トラップ競技でクレーに弾が当たらない理由の一つは、放出されたクレーに焦ってしまい、フォームが崩れることです。この焦りを抑えるためには、コールする前のフォームを整え、クレーが放出される準備をしっかりとすることが重要です。

　コール前の姿勢は、まず深く息を吸いながら銃口を高い位置に向けて構え、ゆっくり息を吐きながら照星を中央表示線の約20cm上にセットします。ここで再びゆっくりと息を吸い、照星から背景に目の焦点を切り替えます。すべての準備が整ったら、吸っていた空気を「ハー」や「ホー」といった声にしながらコールを行います。この一連の動作を意識的に行い、自然な動きになるまで繰り返して練習をしましょう。

① 中央表示線の上空に向けて据銃姿勢をとる

② 中央表示線の 30 cm程度上空に狙いを定める

30 cm

③ 焦点を背景に合わせる

**3**

トラップ

## ●放出方向は〝目で追う〟

　初心者によくある失敗に、「クレーがどの方向に飛んでいったかわからない」ということがあります。この失敗を防ぐためには、クレーが放出されたら、まず、クレーがどの方向・角度で飛んでいくかを、しっかりと見るようにしましょう。

　クレー射撃は反射神経よりも、空間認識能力が重要です。つまり、クレーがどの方向と角度で飛んでいるかを正確に把握し、それに基づいて体をスイングさせながらクレーに照準を追っていく動作が必要になります。

　多くの方は、「ゆっくりクレーを目で追っていると、銃の振り出しが間に合わない」と感じるかもしれませんが、実はそれほど焦る必要はありません。むしろ、しっかりと目で見てクレーを認識することで、体のスイングに迷いがなくなり、失中の最大の原因となる〝スイングの停止（引き止まり）〟というトラブルを防ぐことにつながります。

　ただし、クレーを追う際は、頭を動かさずに眼球だけを使います。頬付けの位置を保ちながら目だけでクレーを追い、照星を視界の中心に保ちながら銃を振ることが重要です。頬付けが外れて頭が持ち上がると照準が崩れてしまうため、再び正しい位置に戻しているとクレーを撃破するのは難しくなります。

① 射出方向を認識する

② クレーの軌跡を目で追う

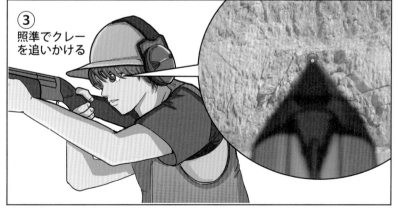

③ 照準でクレーを追いかける

## ●撃破のコツは「流しそうめん」のイメージ

クレーを撃破するコツは「流しそうめん」に似ています。流しそうめんでは、目の前を流れて行くそうめんに箸を伸ばそうとしても、そうめんを掴むことは非常に困難です。なぜなら、「そうめんが流れてきた」ことを認識して箸を伸ばすまでの間にも、そうめんは流れ続けているため、「そうめんがある場所」に箸を伸ばしても空を切ってしまうからです。

流しそうめんのコツは、まず流れてくるそうめんに箸を伸ばし、そうめんと同じ速度で箸を移動させます。そして、箸の位置がそうめんを追い越すタイミングで箸を伸ばしときに掴み取ります。

クレー射撃のコツも流しそうめんと同じように、照準を飛んでいるクレーに合わせながら引鉄を引くことです。クレーの速度と照準の速度が一致していれば、相対的な速度は「0」になるため、実質、止まっている物体を撃つことと同じになります。クレー射撃が引鉄を引く反射神経よりも、飛んでいる物体の速度をと方向を認識する能力の方が重要になる理由はここにあります。

　余談ですが、こういった『動く物体』を狙うプロセスは、自然界でもよく見られます。例えば空を飛ぶ鳥が水の中の小魚を獲るとき、鳥は魚と同じ速度で飛行してから急降下して魚を捕まえています。

**3**

トラップ

## ●スイング射法

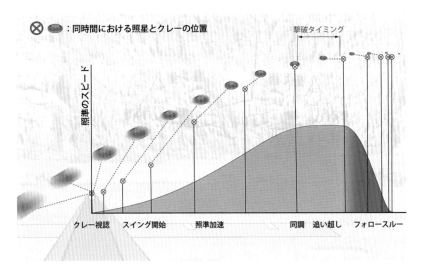

　先に述べたように、クレー射撃では、飛んでいるクレーに対して照準を追いかけるようにして射撃することが大切です。こういった射撃技術は**動的射撃**と呼ばれ、いくつかの種類があります。

　動的射撃の代表的なものに**スイング射法**があります。この技法は、クレーが放出されたら、照準をその軌道に沿ってゆっくりと追い始め、徐々に速度を上げていきます。そして〝クレーに照準が重なった瞬間〟に引鉄を引きます。銃は、引鉄を引かれて火薬が燃焼して弾が発射されるまで極微小な時間差があります。この極微小な時間差が〝見越し〟の距離となり、進行するクレーの前に散弾を飛ばすことができます。

## ●フォロースルーができていることを確認する

　スイング射法では、スイングさせた体が最後まで止まらないようにすることが何よりも大切です。もし照準がクレーに重なった瞬間に止まってしまうと、発射された弾は進行するクレーの後方を通ってしまい、失中となります。この「スイングが停止していないこと」を知る手段として、**フォロースルー**の確認があります。

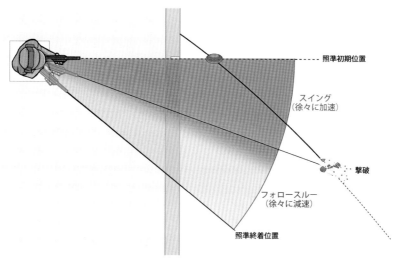

照準初期位置

スイング
（徐々に加速）

撃破

フォロースルー
（徐々に減速）

照準終着位置

フォロースルーは、射撃後の体の動きを指します。スイング射法では体を大きく動かしながらクレーを追うため、射撃後もその慣性が残っているため体が動き続けます。逆に言うと、このフォロースルーが見られない場合は、〝体の動きが射撃前に減速している〟ということなので、正しいスイング射法ができていないことを意味しています。

フォロースルーができているかどうかは自分自身ではわかりにくいので、射撃指導員に見てもらうようにしましょう。しばしば射撃指導員から「クレーの後ろを撃っている」という指摘を受けることがありますが、これは「フォロースルーが無いから弾はクレーの後ろを飛んでいる」ということを意味しています。

同行者と練習をする場合は、スローモーション動画やバースト写真機能を使って、自分の後ろ姿を撮影してもらいましょう。近年のスマートフォンであれば、かなりの高速撮影ができるため、発砲後にフォロースルーをしているか確認することができます。

どうしてもフォロースルーができていない場合は、体が射撃の反動や轟音で委縮している可能性が考えられます。体の防衛反応は意識的に直すのは難しいので、弾を弱装弾に変えて練習したり、反動を感じにくいように銃を調整するといった工夫をするとよいでしょう。

3

トラップ

## 4 撃破のポイント

　トラップ競技におけるクレーの撃破タイミングは、早ければ早いに越したことはないのですが、決して焦る必要はありません。クレーが飛ぶ軌跡と照準を付けるポイントを〝理論〟として知っておき、あとは練習を重ねて自分に最適なタイミングを探していきましょう。

### ●正面のクレー

　正面に放出されるクレーは射手から見て、初めに急角度で上昇した後に、徐々に平坦な軌道になります。そこで**初矢**（1発目）は、照準器がクレーを追い越して完全に被ったぐらいのときに発射し、下からクレーが上がってきて照準器に乗ったら**追い矢**（2発目）を発射します。

　また、正面に放出されるクレーには、低軌道と高軌道の2種類があります。どちらの場合でも初矢は上昇するクレーを照準で追い越した後に発射しますが、高軌道のクレーのほうが大きくかぶらせて撃つ必要があります。低軌道のクレーは上昇角度は緩いですが、その分スピードが速いため、初矢・追い矢をできるだけ短い間に発射する必要があります。

130

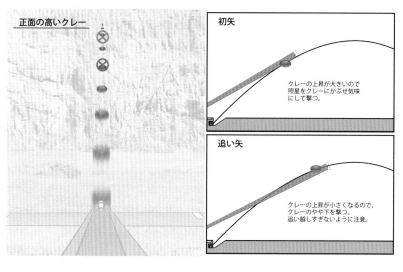

正面の高いクレー

**初矢**

クレーの上昇が大きいので
照星をクレーにかぶせ気味
にして撃つ。

**追い矢**

クレーの上昇が小さくなるので、
クレーのやや下を撃つ。
追い越しすぎないように注意。

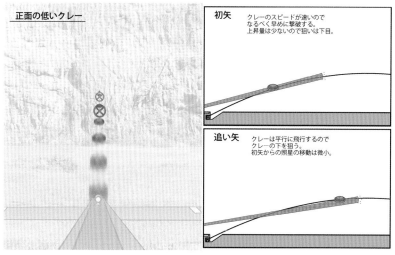

正面の低いクレー

**初矢**　クレーのスピードが速いので
なるべく早めに撃破する。
上昇量は少ないので狙いは下目。

**追い矢**　クレーは平行に飛行するので
クレーの下を狙う。
初矢からの照星の移動は微小。

**3**

トラップ

　なお、ここで解説する内容は理論（セオリー）であり、実際は銃・照準
器の構造によって最適な撃破タイミングが変わります。特にトラップ競技
専門に設計されたトラップ銃の場合は、初矢を照準器に乗せるようにして
狙えるようにするため、銃身がわずかに上を向いています。この銃では撃
破タイミングがここでの解説から大きく外れるので、メーカーや銃砲店に
確認をしてください。

## ●左右のクレー

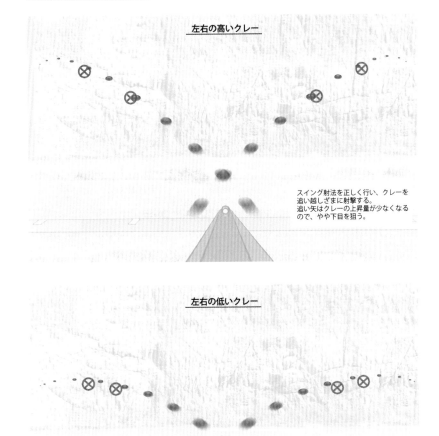

**左右の高いクレー**

スイング射法を正しく行い、クレーを
追い越しざまに射撃する。
追い矢はクレーの上昇量が少なくなる
ので、やや下目を狙う。

**左右の低いクレー**

クレーのスピードが速いため、追い
越しを多めにとるようにする。
追い矢は大きく下降しているので、
思い切りよく下目を狙う。

　左右に放出されるクレーは、スイング射法がしっかりと身についていれ
ば、決して難しくはありません。照準がクレーに追いついたタイミングで
初矢を発射すれば、ちょうどよい見越し距離となり、クレーの前方に散弾
を届けることができます。

　追い矢に関しては、「初矢よりも少し下目を狙うのがコツ」と言われています。これはクレーの軌道が平行から下降に移行するためです。しかし、長年トラップ競技を行っている射手の中には、「追い矢を意識的に狙うと体の動きに迷いが生じ〝引き止まり〟が発生してしまう」という意見もあります。

　このような人は「追い矢は初矢のスイングを維持しながら連続で発射する」という方法を推奨しています。スイングがしっかりできているのであれば、追い矢を発射する時点で大きな見越し距離が取れているため、軌道が変わる前に素早く連続射撃したほうが効果的とする考え方です。

## ●スコアカードの読み方

| 会員・一般　NO.＿＿＿＿＿ | | | | | | | | | | | | | | | | | | | | | | | | | 令和 2 年 4 月 10 日 | |
|---|---|---|---|---|---|---|---|---|---|---|---|---|---|---|---|---|---|---|---|---|---|---|---|---|---|---|---|
| 氏名 | 山下 理恵子 様 | | | | | | | | 出破 下 | | 不発 一 | | 試射 T | | 不注意 一 | | | | トラップ射撃 | | | | | | | | |
| | 1 | 2 | 3 | 4 | 5 | 6 | 7 | 8 | 9 | 10 | 11 | 12 | 13 | 14 | 15 | 16 | 17 | 18 | 19 | 20 | 21 | 22 | 23 | 24 | 25 | | |
| 1R | | | | | | | | | | | | | | | | | | | | | | | | | | 19 | |
| 2R | | | | | | | | | | | | | | | | | | | | | | | | | | 21 | |
| 3R | | | | | | | | | | | | | | | | | | | | | | | | | | 20 | |
| 4R | | | | | | | | | | | | | | | | | | | | | | | | | | 17 | |
| 5R | | | | | | | | | | | | | | | | | | | | | | | | | | | |
| | | | | | | | | | | | | | | | | | | | | | | | | 合計 | | 77 | |

| 初矢命中 | 追い矢命中 | 正面失中 | 右方失中 | 左方失中 |
|---|---|---|---|---|

**出破**：クレーの出割れ数。クレーの費用は請求されない。
**不発**：不発した数。不発弾として処分が必要。
**試射**：ラウンド前に2発まで試射が可能。火薬の消費実績に加算される。
**不注意**：射手の都合でクレーを再発射した数。クレーの費用として加算される。

　クレーが放出された方向と、命中または失中の結果はスコアカードに記録されます。ラウンドが終わると、このスコアカードが返却されるため、どの方向に弱点があるのかを分析に役立てましょう。

　このスコアカードは火薬消費の証明としても重要な書類です。毎年行われる銃砲検査の際には、火薬類の帳簿とともに提出する必要があるため、1年間大切に保管しましょう。

**3**

トラップ

## 1 スキート競技を始めよう！

　トラップ競技に続き競技人口が多い種目がスキート競技です。トラップ競技のようなランダム性はありませんが、立ち位置を変えていくことでクレーがあらゆる方向に飛んで行くように見えるため、射手の技術と適応力が試されます。

### ●スキート競技とは？

　**スキート**競技は、専用のスキート射場で行われます。この射場には、1番から7番までの射座が半円形に配置されており、さらにその中心に8番射座が設置されています。射場の両端にはクレー放出機がセットされた建物があり、これから射場中央のセンターポール上に向けてクレーが放出されます。

　射団は最大6人で構成され、射手は全員が1番射座から射撃を開始します。全員が射撃を終えると次の射座へと移動し、この流れを8番射座まで繰り返します。スキート競技の特徴は、クレーが放出される方向やスピードが一定である点ですが、射手が射座を移動することによって、クレー放出機との相対的な位置関係が変わるため、射手にとってクレーが飛ぶ方向が射座ごとに異なるように感じられます。

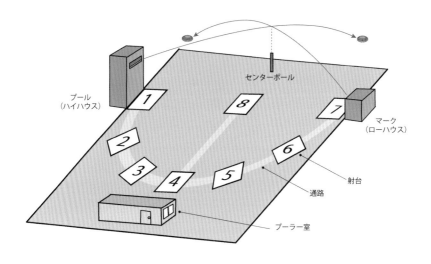

## ●射撃数は1クレーにつき1発まで

　スキート競技には**シングル**と**ダブル**の放出パターンがあります。シングルでは1回のコールにつき1枚のクレーが放出され、ダブルでは2枚のクレーが同時に放出されます。射撃はクレー1枚につき1発のみ可能で、ダブルの場合でも同じクレーに2発を撃つことはできません。

　得点はクレー1枚撃破ごとに1点であり、ダブルの場合には連続で2枚撃破すると2点を獲得できます。1枚だけ撃破した場合は1点です。一つのラウンドで放出されるクレーの合計は25枚で、全て撃破すると満射の25点です。後ほど詳しく解説をしますが、射座ごとのクレーが放出される枚数は競技ルールにより定められています。

## ●銃は下した状態でコールする

　トラップ競技では据銃姿勢でコールすることでクレーが放出されますが、スキート競技ではコールをしてから据銃姿勢を取る必要があります。すなわち、据銃姿勢を素早く、正確に付けることが点数を取るために特に重要な要素になります。

　このようなルールの違いにより、スキート射撃用の散弾銃は、銃床にゴ

**3**
スキート

135

ム製の肩当てパッドが付
いていない場合が多く、肩
に素早くフィットさせやす
くしています。さらに、取
り回しをよくするために銃
身も短く設計されている
ため、動きやすさが向上
しています。

## ●ハイハウスとローハウス

　スキート射場において、左手側に位置する建物を**ハイハウス**と呼び、右
手側の建物を**ローハウス**と呼びます。ハイハウスのクレー放出口の高さは
3.05mで、ローハウスは1.07mとなっています。この高低差により、ハイハ
ウスからのクレーは比較的低い角度で、ローハウスからのクレーは高い角
度で放出されます。

　また、放出されたクレーは
**センターポール**の上空4.57m
を通るよう設定されていま
す。

　トラップ競技では放出され
る方向・高さが毎回ランダム
で変更されますが、スキート

競技ではこのようなランダム性がありません。よって各射座における射撃
のセオリーが存在しており、スキート競技を練習するうえでは欠かせない
知識となっています。

　なお、伝統的には、ハイハウスは**プール（P）**、ローハウスは**マーク（M）**
と呼ばれており、本書ではこちらの表記に統一して解説を行います。この
「プール、マーク」の意味は1920年代のアメリカでスキート競技が始まった
当時に使われていた言葉で、何か特別な意味があるわけではないようです。
さらに「スキート」という名前自体にも特定の意味があるわけではなく、

1926年に「クレー射撃の競技名」を一般から公募した結果、「Skeet」とい
う語感のよい名前が選ばれたのだそうです。

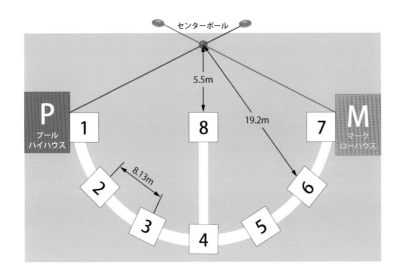

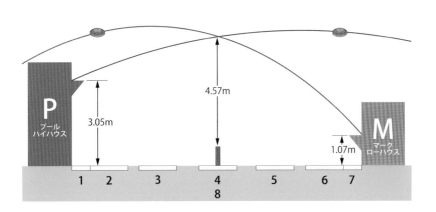

## ●ジャパンルールと国際ルール

　スキート競技には主に、**ジャパンルール**と**国際ルール**の二つがあります。ルールの違いによって各射座で放出されるクレーの数が異なるため、右図を参考にしてください。「P」は「プールから1枚」、「M」は「マークから1枚」、「P/M」は「プール→マークの順に連続して2枚」、「M/P」は「マーク→プールの順に連続して2枚」を意味しています。

　国際ルールの特徴として、タイマー制が導入されています。これは射手がコールしてからクレーが放出されるまでの時間が0〜3秒の間でランダムに設定されるため、射手にはより高い集中力が求められます。このタイムディレイにより、競技の難易度は高まります。ジャパンルールにはタイマー制はなく、ダブルの回数が少ないため初心者には扱いやすい設計となっています。

　どちらのルールでも各射座における放出の順番は複雑なので、初心者のうちは混乱するかもしれません。もし自信が無いのであれば、射団の最後に回してもらうようにプーラーにお願いしましょう。

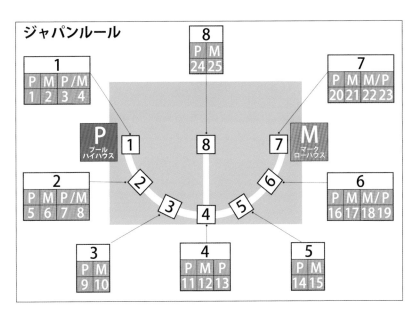

**ジャパンルール**

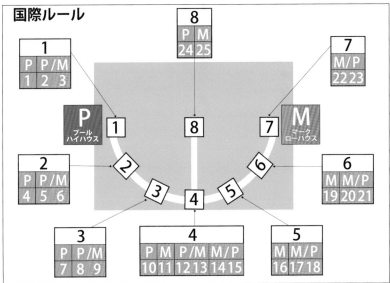

**国際ルール**

## 2 スキート競技のコツ

　スキート競技を上達させる最大のコツは、各射座ごとに自分の「当たるリズム」を見つけることにあります。そのためには、射座に足を踏み入れる瞬間から引鉄を引くまでの一連の動作を常に一貫して行えるよう練習しましょう。

### ●射座ごとのスタンス

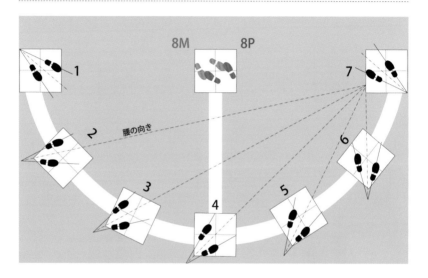

　スキート競技におけるスタンスは、トラップ競技と同様に足を肩幅に開き、射座の中心から約45°の角度で揃えます。トラップ競技ではクレーが遠ざかるためやや前傾の体勢を取るのに対して、スキート競技ではクレーが様々な方向に飛ぶため、より自然体で立つことが推奨されます。

　射座での立ち位置は、基本的に射座の中央が一般的ですが、特に2番、3番、5番、6番の射座では、プールとマークの両方に向けて銃をスムーズに振れるように、射座の左側に少し後ろに位置するとよいでしょう。

　どのようなスタンスを取るにせよ、射座に入る際は常に同じ手順で足を踏み入れるようにしましょう。毎回体の向きや足の位置を変えていると、「当たるリズム」を見つけ出すうえでの不安定な要素となってしまいます。

## ●待機姿勢から据銃のコツ

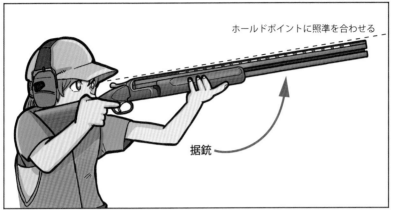

ホールドポイントに照準を合わせる

据銃

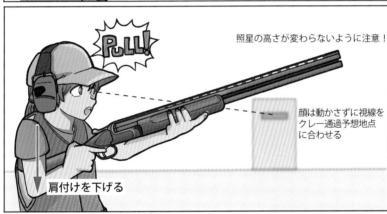

PULL!

照星の高さが変わらないように注意！

顔は動かさずに視線を
クレー通過予想地点
に合わせる

肩付けを下げる

**3**

スキート

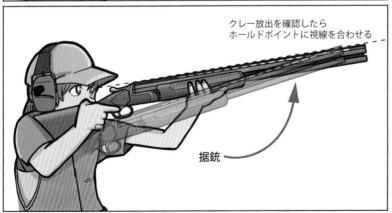

クレー放出を確認したら
ホールドポイントに視線を合わせる

据銃

コール前の待機姿勢では、初めに据銃姿勢を取り、照準を各射座に応じた**ホールドポイント**に向けます。準備が整ったら、銃床を胸のあたりまで下ろし、視線はクレーが通過する予定の地点に向けます。コール後は迅速にグリップを引き上げて据銃姿勢を取り、あらかじめ向けていたホールドポイントから照準を追いかけていきましょう。

## ●リード射法

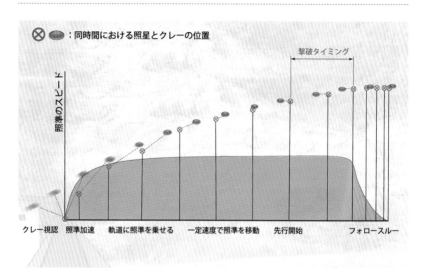

⊗ ▬ ：同時間における照星とクレーの位置

照準のスピード

撃破タイミング

クレー視認　照準加速　軌道に照準を乗せる　一定速度で照準を移動　先行開始　　　フォロースルー

　スキート競技においては、動的射撃の一種である**リード射法**が有効です。この射法は、クレーの軌跡に沿って照準を移動させるスイング射法と同じですが、リード射法ではクレーに向けて体をスイングさせるのではなく、初めに照準を大きく動かして進行しているクレーに追いつき、そこからある程度の先行距離（リード）を付けた状態でクレーと同じ速さになるように照準を動かします。

　もちろん、スキート競技でスイング射法をしても問題はありません。しかしスキート競技では初めからクレーが通るホールドポイントに照準を向けておくため、据銃姿勢をとってからすぐに、クレーに対して先行距離を保ったまま照準を動かすことができます。そのためリード射法の方がスキート競技において効果的な動的射法とされています。

## ●タイミング射法にならないよう注意

　リード射法のメリットの一つに〝狙うことができる〟という点があります。スイング射法の場合は、引鉄を引いて火薬が燃焼するまでの時間差が追い越し距離になるという〝不明瞭〟な部分があります。しかしリード射法は、照準でクレーの先を明確に〝狙う〟ことができるため、ランダム性を持たないスキート射撃において再現性のある射撃が可能となります。

　ただしリード射法で注意しておかなければならないのが、**タイミング射法（待ち撃ち）**にならないようにすることです。タイミング射法とは、動いてくる標的の進行方向上に照準を固定しておき、特定の距離まで標的が近づいてきた時点で引鉄を引く静的射法の一種です。この射法では、標的との〝距離〟という定量的な基準で照準を付けるリード射法に対して、体の調子や精神状態によって変化する〝タイミング〟に任せる必要があるため、射撃に再現性を持たせることが難しくなります。

　タイミング射法になっていないか確認をする手段として、銃にカメラを搭載する方法があります。このカメラは**ガンカメラ**と呼ばれており、上下二連式の場合は下銃身に挟むようにして取り付けます。このカメラの映像を後で見返すことで、自分の射撃がタイミング射法になっていないかを確認できることに加え、各射座でのリード距離がどのくらいになっているのかを復習することができます。

## 3 撃破のポイント

　ここでは、各射座におけるホールドポイントと、視線を向けておく位置、リード距離、撃破ポイントの目安について解説をします。

## ●1番射座

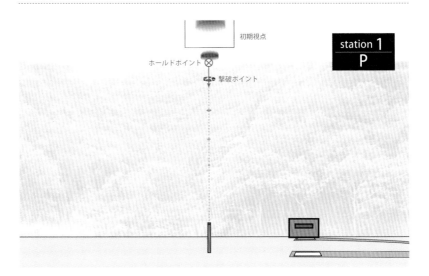

初期視点

ホールドポイント ⊗

撃破ポイント

station 1
P

　1番射座のプールでは、クレーは頭の真上から放出されるため、**ホール
ドポイントは『センターポールの直上』**にし、視線も少し上向きで準備し
ます。クレーは常にセンターポールの直上を通過するように設定されてい
るため、1番プールのクレーは照準の真上から下りてくるように見えます。
**リードは必要ない**ので、照準器にクレーが乗ったタイミングで照準を追跡
させて引鉄を引きましょう。ホールドポイントを的確に付けられていれば、
難しい射座ではありません。

　1番射座のマークは、クレーが真正面から放出される向かい矢となりま
す。**ホールドポイントは『放出口』**に設定し、目線も同じ高さでコールし
ます。放出された瞬間のクレーは上昇速度が速いので、慌てずしっかりと
照準で追い続け、センターポールを過ぎたあたりを撃破ポイントにしまし
ょう。**リードは『クレーの2から3個分先、約30cm』**を目安に照準を合わせ
て射撃することが効果的です。

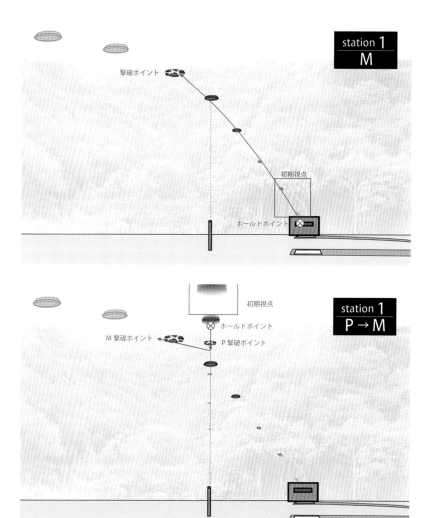

1番射座のダブルは、プール⇒マークの順番です。**ホールドポイントは**
**『プールと同じくセンターポールの真上』**に構えてコールし、真上から下り
てきたクレーを撃破します。撃破後、マークのクレーが右から飛んで来る
のが見えるので、照準をほぼ水平に動かして撃破します。慣れれば、「ト
ン！トン！」とリズムよく撃破ができるようになります。

## ●2番射座

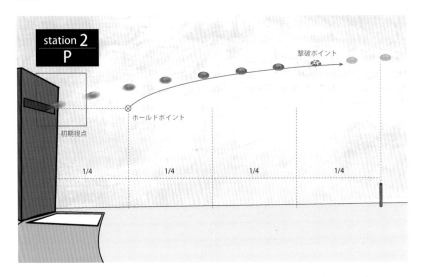

　プールはクレーの放出口が高い位置にあり、センターポールに向かって低軌道を描くため、初速が早く感じられます。そのため2番射座のプールでは、**ホールドポイントは『プールとセンターポールの4分の1』あたりにおき、高さは『放出口と水平』**に設定します。視線は放出口に合わせてコールし、クレーの放出が見えたら照準をほぼ水平に動かして、センターポールの手前でクレーを撃破します。**リードは『クレー1個分』程度と短め**になります。クレーがセンターポールを過ぎてしまうと下降が始まるため、撃破するのが難しくなってしまいます。あまりじっくりと狙わずにスピード撃破を目指しましょう。

　2番射座のマークは1番射座と似ていますが、角度が狭まる分、水平方向のスピードが速く感じられます。**ホールドポイントは『マークとセンターポールの3分の1』、高さは『放出口のやや下』**に設定し、コールと同時にクレーの軌跡をすぐに捉えるようにします。撃破ポイントは、焦らずにクレーをしっかりと引き付けて、センターポールの手前、上昇幅が小さくなったタイミングで撃ちます。この射座の**リードは『60cm程度取る』ことが一般的ですが、距離があるため散弾の広がりも考慮して、大胆に射撃したほうが効果的**です。

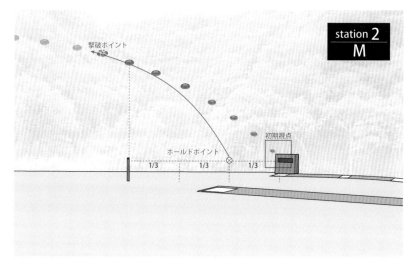

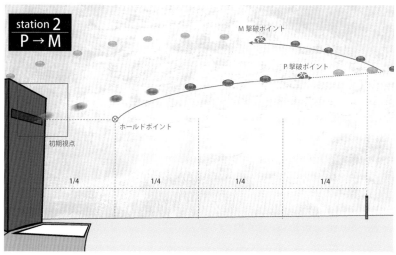

　2番射座のダブルは、マーク⇒プールの順番です。**ホールドポイントは
プールと同じく『プールとセンターポールの4分の1』**で、なるべくセンタ
ーポールより手前で撃破します。フォロースルーをしていると、センター
ポールの手前からマークのクレーが視界に飛び込んでくるので、照準を
「＞」状に切り返してリードを付けます。

## ●3番射座

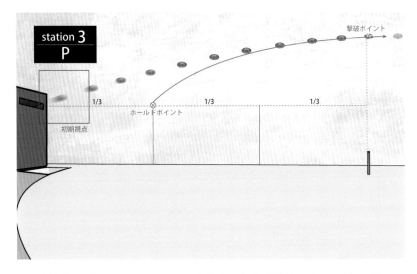

　3番射座のプールでは、**ホールドポイントを『放出口とセンターポールの3分の1』程度**の地点に設定します。これは、クレーの動きが速いため、十分なリードを取りやすくするためです。視線は放出口に置き、クレーが放出されたことを確認次第、視線をすぐに照準に戻してクレーを追いましょう。撃破ポイントは、センターポールの手前から直上までとなり、これを過ぎるとクレーの下降が始まり撃破が困難になるため、速やかに射撃を完了することが求められます。

　3番射座のマークにおいても、**ホールドポイントをプールと同様に『センターポールと放出口の3分の1』**の地点に置くことで、クレーが放出された直後から効率的に追い始めることができます。視線は放出口に固定し、クレーの放出を確認した瞬間に迅速に照準をクレーの軌道に合わせます。撃破点はセンターポールを少し過ぎたあたりが一般的です。

　プール・マーク両方とも、**リードは『約1メートル』**とされています。しかし、リードの長さに固執しすぎると銃の動きが停止してしまうリスクがあるため、銃の振出から引鉄を引くまでを『リズムで覚える』ことを推奨する意見もあります。理論的に行くのであれば、ガンカメラを使って「照星何個分のリードを取ればよいのか」を調査しておきましょう。

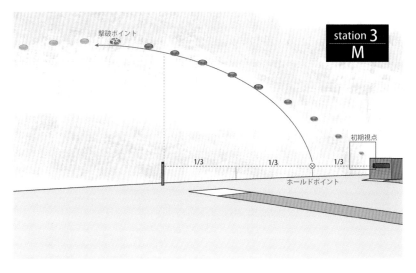

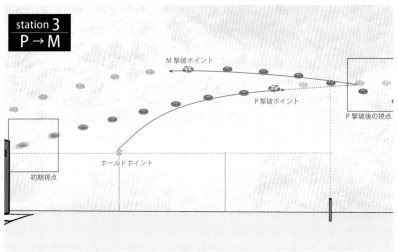

国際ルールの3番射座ダブルは、マーク⇒プールの順番です（ジャパンルールはダブル無し）。**ホールドポジションはマークのシングルと同じ**で、センターポールの手前付近で撃破します。撃破後にフォロースルーをすると、横からマークのクレーが視界に入ってくるので、照準を切り返します。2番ダブルよりも「〝〟」の字の動きが平坦になります。

3 スキート

## ●4番射座

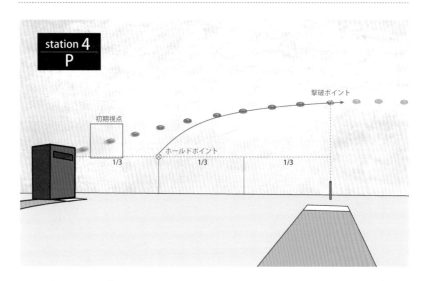

4番射座ではプールとマークの距離が同じになるので、**ホールドポイントの位置は『放出口とセンターポールの3分の1』、高さは『放出口とほぼ同じ高さ』**に設定します。

プールの撃破点は、センターポールの直前に設定するのが理想的です。視線は放出口に固定し、クレーが放出されたことを確認次第、照準を素早くクレーに合わせて追跡します。

マークに関しても同様に、センターポールの直上が撃破ポイントになります。クレーの放出角度はプールに比べて急斜になるため、頬付けが外れないように気を付けながら追いかけてください。

**リード距離については『1m20cmほど』**が目安とされていますが、3番射座と同様に、あまりリードの長さを気にしすぎても体の動きが鈍くなる原因になります。初心者の人でなかなか撃破ができずに困っている場合は、「これでもかッ!」と長くリードを取ってみることで命中することがあります。練習ラウンドであればこの4番だけを繰り返し行い、自分の銃と照準器に沿った適切なリード距離を研究してみてください。

国際ルールの4番射座ダブルは、マーク⇒プールと、プール⇒マークの両方あります（ジャパンルールはダブル無し）。どちらのダブルでも、初矢

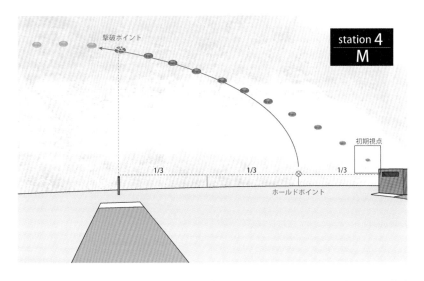

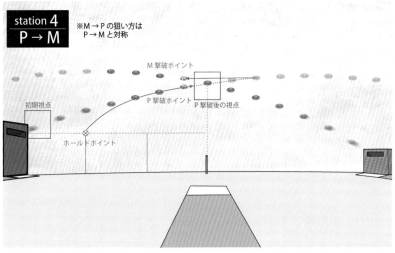

をセンターポールの手前で撃破したら、腰からブレーキをかけて同じ軌跡を通るように銃を切り返します。この〝切り返し〟が重要となる4番ダブルは、早すぎると引き止まりになり、遅すぎるとマークが遅れるため、難易度が高くなっています。国際ルールで4番ダブルが多い理由は、競技の難易度を上げて点数差を出しやすくするのが理由なのだそうです。

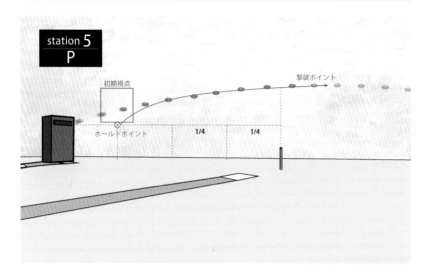

　5番射座のプールは、**ホールドポイントを『プールとセンターポールの4分の1の距離』に置き、高さを『放出口とほぼ同じ高さ』**に合わせます。視線は放出口付近を見ながらコールし、クレーが放出されたら照準で追っていきます。3番射座のマークと比べると、射手と放出口から成る角度が緩くなるため、クレーの軌跡は3番射座に比べてなだらかに見えます。よって照準もほぼ水平方向に横移動させながら、センターポールを少し過ぎたあたりで撃破しましょう。

　5番射座のマークは、**ホールドポイントを『放出口とセンターポールの3分の1』の距離で『目線の高さ』（マークの放出口が1mに対し、目線は約1.7m）**に置き、視線は右横に置きます。コールをしてクレーが視界を通るのを確認したら、視線を照準に戻しましょう。この時点で照準はクレーを捉えているので、照準を上げながらセンターポール手前付近で撃破します。背の低いマークから放出されるクレーは初めに上昇量が大きいため、照準がついつい上方向に引っ張られてしまいます。しかしセンターポール近くでは思っているよりも上昇量は無いので、気持ち下加減に撃つのがコツです。

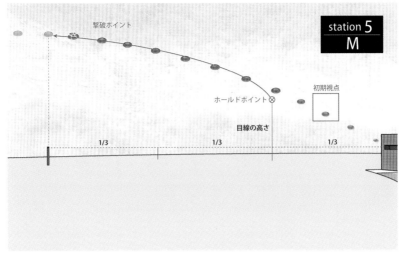

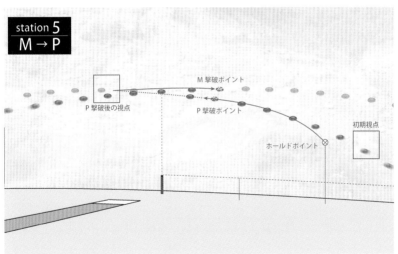

3
スキート

　国際ルールの5番射座ダブルは、マーク⇒プールの順番です（ジャパンルールはダブル無し）。**ホールドポイントはマークと同じ位置**に置き、センターポール手前で撃破します。そのままの流れで視界の左からプールのクレーが横切るので、照準を切り返しましょう。プールの撃破点はセンターポールを過ぎたあたりで、マークとほぼ同じ位置になります。

## ●6番射座

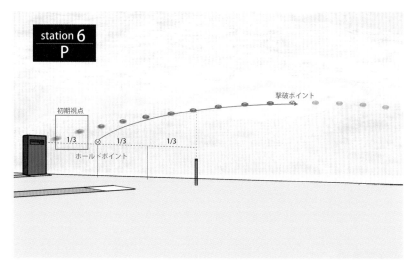

　6番射座のプールは、**ホールドポイントを『放出口とセンターポールの3分の1の距離』に置き、高さを『放出口とほぼ同じ高さ』**に合わせます。視線は放出口付近を見ながらコールし、クレーが放出されたことを確認したら、ほぼ水平に照準を動かしながらクレーを追いかけましょう。撃破点はセンターポールを超えたあたりになります。距離があるためジックリ狙えますが、プールのクレーはセンターポールを過ぎたあたりから下降に入るので、狙いは『やや下』を意識しましょう。

　6番射座のマークは、**ホールドポイントを『放出口とセンターポールの3分の1』程度の距離に置きます。高さは『目線よりもやや上目』**に合わせて、視線は右に置きます。コールをしてクレーが視界の右端から上ってくるのを確認したら、照準を水平に動かして軌道に合わせます。撃破点はセンターポールの手前になります。

　6番射座マークのホールドポイントは、5番射座と同じ高さ（目線）にする人もいます。この場合、放出されたクレーの視認がしやすくなりますが、照準を大きく振り上げてクレーを追う必要があります。照準の追跡が苦手な人は前者を、クレーへの反応が遅れる人は後者で練習するとよいでしょう。

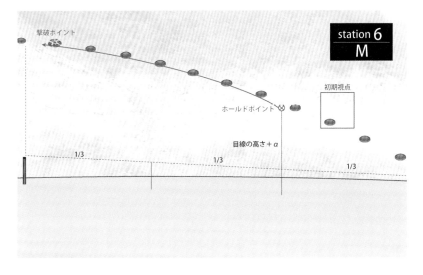

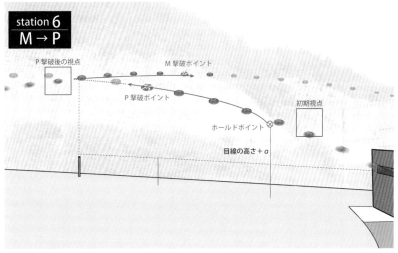

6番射座のダブルは、マーク⇒プールの順番です。**ホールドポイントは
マークと同じ位置**に置き、センターポールの手前で撃破します。そのまま
フォロースルーをしていくと高く飛ぶプールのクレーが横切るので、切り
返して撃破します。プールはセンターポールを超えたあたりでも大丈夫で
すが、クレーは下降していくので、照準も下方向になることを意識してく
ださい。

## ●7番射座

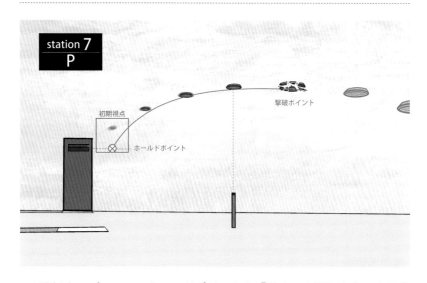

　7番射座のプールは、**ホールドポイントを『放出口と同じ高さで水平方向に5m』**地点に置きます。視界は照準と同じ位置に置きます。クレーが放出されたのを確認したら、緩やかな曲線を描きながらクレーを追います。撃破ポイントはセンターポールを過ぎたあたりになります。1番射座のマークと同じイメージですが、7番プールから放出されるクレーは低軌道なのでクレーの速度が早く感じます。焦って撃つと失中につながるため、じっくりと引き付けて迎え撃ちましょう。向かってくるクレーなので**リードはほとんど取る必要はありません**。照準が合わさったタイミングで発射しましょう。

　7番射座のマークは、**ホールドポイントを『センターポールの直上』**に、高さは奥に見える**『プールの放出口よりも少し高い位置』**に置きます。視線もほぼ同じ位置に置き、コールをして照準を付けましょう。クレー放出機の「ウィーン、カコン！」という音に合わせてクレーが放出されるので、クレーが照星に乗ったら引鉄を引きます。センターポール通過後のクレーはほぼ直線の軌道を描くため、**リードはほとんど気にする必要はありません**。

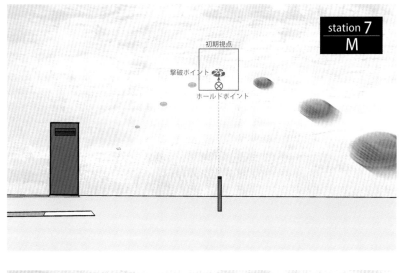

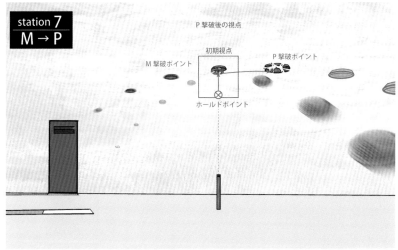

　7番射座のダブルは、マーク⇒プールの順番です。**ホールドポイントは
マークと同じように『センターポールの直上』に置き、**マーククレーがセ
ンターポールにさしかかったところで撃破します。マークの撃破と同時に、
視界にプールのクレーが飛び込んでくるので、**リードを『クレー2、3枚分
前』**に照準合わせて撃破しましょう。

●8番射座

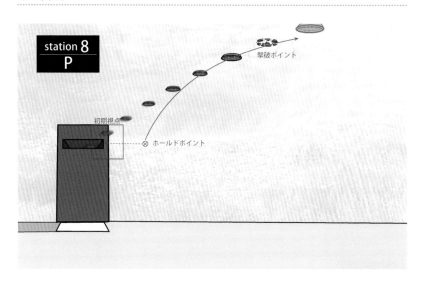

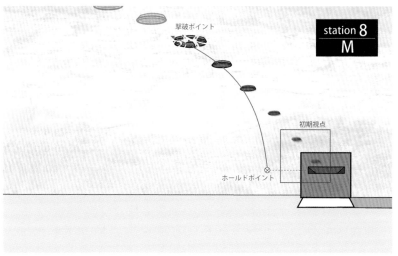

　8番射座はプール・マークのどちらも、**ホールドポイントを『放出口の 2mほど』に置き、高さを『放出口』に合わせます**。コールと同時に据銃 姿勢を取り、切り上げるように照準を動かしましょう。クレーとの距離が 近いため、**リードを取る必要はありません**。撃破点はセンターポールとの 中間地点となり、センターポールを超えるとスタンス的にクレーを追跡す

るのが難しくなるため、撃破はほぼ不可能になります。

## ●スキートのスコアカード

会員・一般　NO._____　令和 2 年 4 月 10 日

氏名　山下 理恵子 様

| | 出破 | 不発 | 試射 | 不注意 | スキート射撃 |
|---|---|---|---|---|---|
| | 一 | | 下 | 一 | |

| 区分 | 1 | 1D | 2 | 2D | 3 | 3D | 4 | 4D | 5 | 5D | 6 | 6D | 7D | 8 | 得点 |
|---|---|---|---|---|---|---|---|---|---|---|---|---|---|---|---|
| 1R | | | | | | | | | | | | | | | 17 |
| 2R | | | | | | | | | | | | | | | 20 |
| 3R | | | | | | | | | | | | | | | 20 |
| 4R | | | | | | | | | | | | | | | |
| | | | | | | | | | | | | | | 合計 | 57 |

　スキート競技はトラップ競技のようにランダム性が無い分、得意・不得意の射座が明確にわかります。苦手な射座がある人は、1番から8番までの射座を通すラウンドではなく、同じ射座を何度も繰り返す**拾い撃ち**で練習しましょう。

## ●精神を安定させる〝おまじない〟を作る

　あらゆるスポーツに共通した話ではありますが、特にスキート競技では精神状態がパフォーマンスに大きな影響を及ぼします。例えば、「当たらない…」と気分が落ち込んでいるときや、「あと1点で自己ベストだ！」と高揚しているときには、これまで築いてきた『当たるリズム』が崩れてスコアを落とすことがあります。

　このような精神のムラを抑えるためには〝おまじない〟が効果的です。例えばプロ選手は、大会当日でも日常のルーティンを続ける人も多く、朝目覚めたときから射座に入るまでを一貫したルーティンにすることで、安定した精神状態を維持しています。おまじないは「射座に入る前に手をグーパーする」や「据銃の前に目をつむる」など何でも構わないので、自分なりの方法を見つけ、精神を安定させる工夫をしてみてください。

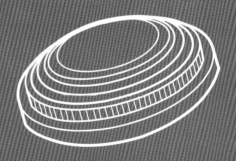

# 散弾銃を
# もっと楽しもう！

第4章

散弾銃を使用したスポーツ射撃はトラップ競技とスキート競技だ

けではなく、アメリカントラップ、ダブルトラップ、スラッグ弾を用

いた的撃ち競技など多岐にわたります。本章ではそのような様々な

競技についてご紹介をします。

# 1 アメリカントラップ競技

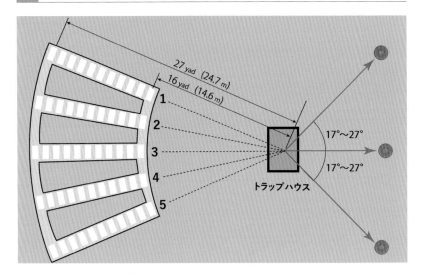

**アメリカントラップ競技**は、オリンピックトラップ競技よりもルールが
シンプルで、クレー放出機が1台で行える点が特徴です。特にアメリカで
人気が高く、アメリカでは一般的に「Trap shooting」というと、このルール
を指すことが多いようです。

## ●アメリカントラップ競技のルール

アメリカントラップの射撃場には、クレー放出機が設置されたトラップ
ハウスがあり、その後方16ヤード（約14.6メートル）の距離に射座が放射
状に配置されています。射団は最大5名で構成され、1番射座から順に射撃
を行い、5番射座まで進んだ後、再び1番射座に戻ります。この一巡を5回
繰り返し、合計で各射手は25枚のクレーを撃ちます。射撃はクレー1枚に
対して1発の発射のみが許可されています。

アメリカントラップ競技には、プロとアマチュアの間での力量差を調整
するためにハンディキャップルールが設けられており、過去の成績にもと
づいて最大10ヤード分射座を後ろにずらして射撃を行うことがあります。

## ●クレーの放出方向

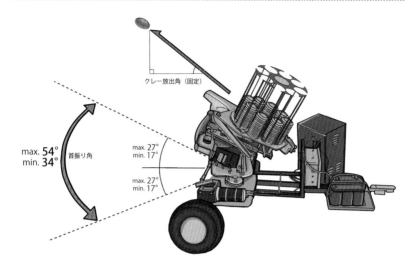

クレー放出角（固定）

max. 54°
min. 34° 首振り角

max. 27°
min. 17°

max. 27°
min. 17°

アメリカントラップ競技では、クレー放出機が一台だけ使用されます。この放出機は、正面方向から左右に最小17°から最大27°の角度で〝自動的〟に首を振っており、射手からはその姿が見えないようになっています。したがってクレーは射手が合図をするまでどの方向に飛んでいくかはわからず、オリンピックルールよりも非常にゲーム性の強いルールになっています。

## ●ダウン・ザ・ライン

ダウン・ザ・ライン（DTL）は、アメリカントラップの亜種ルールとして世界中で楽しまれています。基本的なルールはアメリカントラップと同様ですが、クレーは左右に最大22.5°の角度でランダムに放出されます。参加者は1日に100枚のクレーを撃ち、1枚あたり最大2発までの発射が許されます。得点は初矢での撃破で3点、二の矢での撃破で2点を獲得でき、失中の場合は0点です。

この他にもトラップ競技にはウォーブルトラップ、ダブルライズ、自動ボールトラップ（ABT）など、様々なバリエーションが存在し、射撃スポーツとして楽しまれています。

4

様々な競技

163

## 2 ダブルトラップ競技

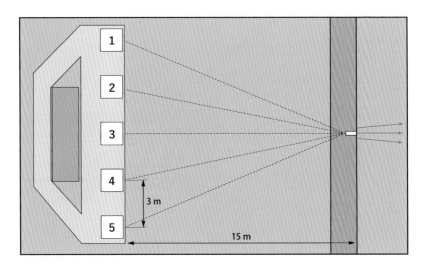

　ダブルトラップ競技は、クレー放出機から同時にクレーが2枚放出される
ルールです。オリンピックの正式種目の一種であり、日本ではトラップ、ス
キートに続いて人気のある競技です。

### ●ダブルトラップ競技のルール

　**ダブルトラップ**競技は、オリンピックトラップの射場で行います。基本
的なルールはトラップ競技と同じですが、クレーは3番射座の直線上に設置
された放出機からのみ放出され、それぞれのラウンドで合計50枚のクレー
を射撃します。得点は1枚撃破につき1点、2枚撃破で2点と計算され、満射
は50点になります。

　クレーは射手の1回の合図で2枚同時に放出されます。このクレーをどの
ような順番で撃つかは射手の自由ですが、1枚のクレーに対して2発を撃つ
ことは禁止されています。

　3番射座のトラップバンカーに設置されている3台のクレー放出機は固定
された速度と角度（80km/hで、角度は正面0°、右5°、左−5°）でクレーを
放出し、放出されるクレーの組み合わせは「左・正面（Aセット）」、「正面・
右（Bセット）」、「左・右（Cセット）」と限定されています。

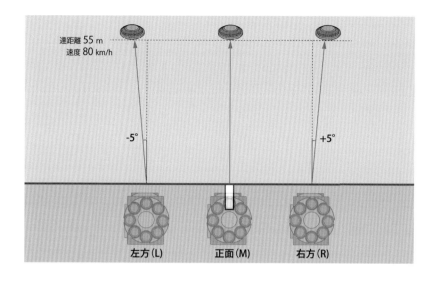

達距離 55 m
速度 80 km/h

-5°  +5°

左方(L)　正面(M)　右方(R)

## ●ダブルトラップ競技のコツ

　ダブルトラップ競技では、射手の位置に応じてクレーが正面に見える方向が異なります。例えば、Aセット（左・正面）の場合、3番射座の射手から見ると右の放出機から出るクレーが正面に見えますが、4番や5番射座の射手からは左の放出機から出るクレーが正面に見えます。Cセット（左・右）では、1番や2番射手には右から出るクレーが、4番や5番射手には左から出るクレーが正面に見えます。

　このため、射手は最初に正面に近い方向に飛んでいくクレーを撃破しながら、左右どちらに飛んでいくクレーを撃破します。流れとしては、まずクレーが放出されたら、最優先で自分の目から正面に飛ぶクレーを最速で撃破します。その流れで左右どちらかに飛んでいく2枚目のクレーに体をスイングさせながら、これを撃破します。

　ダブルトラップ競技では1枚目の撃破スピードが重要になるため、初矢には7.5号より弾粒の小さい8号や9号の弾が使用されます。弾粒が小さいほど、同じ装弾量では弾の数が多くなるので、近距離で撃破がしやすくなるというわけです。

4
様々な競技

## 3 トリプルトラップ競技

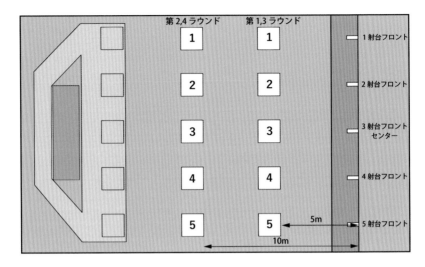

　トリプルトラップ競技は、一度に3枚のクレーが放出されることが特徴です。この競技形式では、1回の射撃で3発の弾を発射する必要があるため、上下二連式の銃は使用できず、手動式や半自動式の銃が使用されます。

### ●トリプルトラップ競技のルール

　**トリプルトラップ**競技は、オリンピックトラップの射場で行われます。射座は1番から5番までを用い、トラップピッドの5mと10mの2つの距離を使用します。クレー放出機はオリンピックルールと同様に、5射座×3台＝15台が使用されます。

　一般的なルールでは、1ラウンド「5mフロント」、2ラウンド「10mフロント」、3ラウンド「5mセンター」、4ラウンド「10mセンター」の計4ラウンドで行われます。「フロント」は各射座の前方からクレーが放出され、「センター」は3番射座からのみクレーが放出されることを意味しています。

　トリプルトラップでは1番射座から射手が順番に射撃し、全員が撃ち終えたら次の射座に移動します。クレー放出数は5射座×3枚＝15枚となるため、4ラウンドで合計60点が満射になります。

## ●クレー放出の順番

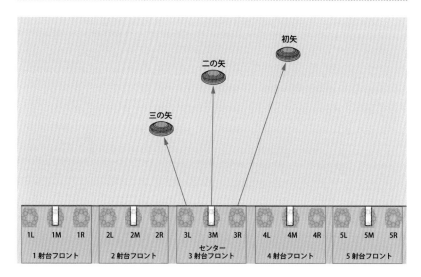

トリプルトラップ競技のクレー放出機は、ダブルトラップと同様に、正面、左、右の3方向に固定されており、発射スピードも変わりません。発射方向も常に、右⇒中央⇒左の順番で固定されています。クレーの放出タイミングはプーラーが管理しており、射手が発射したタイミングを見ながら1枚ずつ手動で発射しています。

## ●トリプルトラップは日本独特のルール

トリプルトラップ競技では3枚のクレーを射撃するため、上下二連式は使用できません。つまり使用する散弾銃は、薬室に1発、弾倉に2発を装填できる半自動式か手動式に限られます。

トリプルトラップのルールは、一応、前記のように決められていますが、公式な大会は開催されていません。よってトリプルトラップは「競技」というよりも「パーティーゲーム」に近く、手動式や半自動式を所持する狩猟者の間で楽しまれることが多いようです。

余談ですが、海外では3枚以上のクレーを撃つゲームを「トリックショット」と呼びます。その中には、射手が複数のクレーを空高く放り投げ、地面に落ちる前に何枚撃破するかといった非公式な遊び方もあります。

**4**

様々な競技

167

## 4 ラビット競技

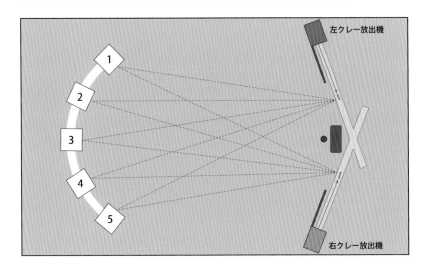

左クレー放出機

右クレー放出機

1
2
3
4
5

ラビット競技は、トラップやスキートのような空を飛ぶクレーではなく、地面をコロコロと転がっていくクレーを撃破します。日本ではラビット競技ができる射撃場は限られていますが、その独特なゲーム性から根強い愛好家も多い競技です。

### ●ラビット競技のルール

**ラビット**競技は専用の「ラビット射場」というのは少なく、一般的にはスキート射場の射座とセンターポールが流用されたコースになっています。センターポールの左右には、クレーを〝転がす〟ための放出機が設けられており、射手の目の前にはコンクリートやゴムで舗装された道が敷かれています。クレーはこの道を直線的に転がるので、射手はセンターポールを過ぎるまでにクレーを撃破する必要があります。

ラビット競技では、射手がコールすると最初に左側からクレーが放出されます。これを射撃した後に続けてコールをすると、右側からクレーが放出されるので同様に射撃をします。この2枚が終わったら次の射手に順番が移り、この流れを10回繰り返すことになります。つまり、クレーは合計20枚撃つことになります。

## ●ラビットクレー

　ラビット競技で使用されるクレーは転がりやすいように設計されており、トラップやスキートで使われる通常のクレーとは異なり縁が車輪のように強化されています。また、クレーの表面はオレンジ色に、裏面は黒く塗装されており、左右どちらか一方は黒い裏面を向けて転がってきます。

## ●ラビットクレーの狙い方

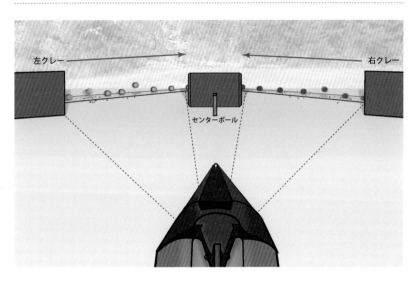

左クレー　　　　　　　　　　　　　　　　　　　　　　右クレー

センターポール

　ラビットクレーの速さには厳密なルールはありませんが、およそ20km /hの速度で転がります。この速度はトラップやスキートに比べて低速ですが、ラビットのクレーは地面に散らばった破片に乗り上げて不規則に跳ねるため、その動きを予想しながら射撃を行う必要があります。

　またラビット競技では、クレーの放出口付近に目隠しの板がついているため、コールをしてからクレーが現れるまでの時間が一定ではありません。このようなランダム性は、実際のウサギ猟の「ドキドキ感」に似ており、その名前の由来になっています。さらにラビット競技では、転がるクレーに対して少し下目を狙い、地面で跳弾させるといったトリッキーな射撃テクニックも必要になります。こういったゲーム的な面白さが高いことから、一部に根強い人気を持つクレー射撃競技になっています。

**4**

様々な競技

## 5 固定標的射撃競技

　固定標的射撃は、固定された標的（ブルズアイターゲット）に射撃を行い、命中した箇所でポイントを競う競技です。クレー射撃ではありませんが、散弾銃を所持している人でも楽しむことができます。

### ●ライフル射場

　散弾銃による**固定標的射撃**は、大口径ライフル射場で行います。使用する装弾はスラッグ弾やサボット弾と呼ばれる単発弾であり、散弾を使用することはできません。なお、ライフル射撃場には大口径（LB：ラージボア）のほかに小口径（SB：スモールボア）もありますが、小口径の方ではスラッグやサボットを使うことができません。

　射場の造りは場所によって異なりますが、広さは一般的に100m、最長で300mあります。的紙は50m、100m、300mの距離に架台が設置されており、射手が好みに応じて距離を設定できるようになっています。

　大口径射場で使用するスラッグ弾やライフル弾は跳弾の危険性があるため、建屋は周囲はコンクリートで囲われた覆道式や、複数の隔壁を設けたバッフル式になっている所もあります。

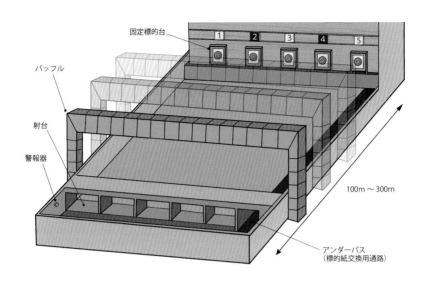

固定標的台

バッフル

射台

警報器

100m ～ 300m

アンダーパス
（標的紙交換用通路）

## ●固定標的射撃のルール

　散弾銃を使った固定標的射撃には公式なルールはなく、個人や猟友会などが主催した射撃大会が行われています。

　ルールの一例としては、前方100m先にある標的紙（ブルズアイ）に向かって、伏射、膝射、立射の3姿勢で規定の弾数を制限時間内に発射し、その正確性を競います。

　大会によっては標的紙ではなく風船が使われることもあり、オーディエンスの目から〝命中〟がわかりやすいように工夫されていたりします。

## ●スポッティングスコープを用意しておく

固定標的射撃では、的のどこに弾が命中したかを見るために、**スポッティングスコープ**という望遠鏡を使います。高価な物でなくても、バードウォッチング用が1万円程度で売

られているので、あらかじめ用意しておきましょう。

## ●ライフル射撃場でのマナー

ライフル射撃場では、射座が区切られ、各射手は正面に設置された的のみを狙います。精密に射撃をするためにはかなりの集中力が必要になるので、射場内での私語は慎むようにしましょう。

標的紙は射撃場内の売店で購入可能ですが、自作をして持ち込むことも可能です。架台に標的紙を設置または交換する際は、警報器やブザーを鳴らして射場に入る必要があります。他の射手が警報を鳴らした際には、安全のため脱包し、銃には触れないようにしてください。

固定標的射撃では、弾は1発ずつ装填して発射してください。連射行為はマナー違反とされていますので注意が必要です。

## ●ランニングターゲット競技

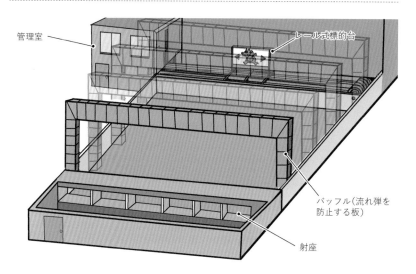

管理室

レール式標的台

バッフル（流れ弾を
防止する板）

射座

**ランニングターゲット**競技は、動く標的を狙う射撃スポーツで、移動標的射撃場で行われます。この競技では、50mまたは100m先にレールに取り付けられた標的紙が設置され、左右のどちらか一方向に動きます。標的紙はスローで5秒、ファストで2.5秒の速度で終点まで移動し、射手は標的紙が見える間にスラッグ弾を1発発射し、当たった部分で点数を競います。

ランニングターゲット競技は公式ルールだけでなく、個人主催の大会もよく行われています。また、拳銃や空気銃、小口径ライフル銃でもランニングターゲット競技が行われており、一部はオリンピック種目にもなっています。

散弾銃によるランニングターゲット競技は、特にイノシシやシカを専門とする狩猟者の間で人気があります。実際の狩猟では、猟犬に追われたイノシシやシカを待ち伏せして射撃をすることが多く、このときに重要となるリード射法の練習として行われています。

**4**

様々な競技

173

## 6 パラクレー競技

　クレー射撃を行う目的は、趣味として射撃を楽しむレクリエーションスポーツから、本格的に大会を目指すプロスポーツまで様々ですが、近年は身体障害者の人が行うパラスポーツとしても注目されています。

### ●パラスポーツとしてのクレー射撃

　**パラスポーツ**（障害者スポーツ）とは、視覚障害や聴覚障害、身体障害、または精神障害を持つ人が行うスポーツの総称です。これらの競技は、車いすラグビーやテニス、アンプティサッカー、シッティングバレーボールなど、障害者に合わせて考案されたものがほとんどですが、**パラ射撃**と呼ばれる競技は、〝健常者とほぼ同じルール〟で行える特殊な種目になっています。

　日本におけるパラ射撃は、ライフルやエアライフル、ピストルによる静的射撃競技が主流ですが、海外では障害者によるクレー射撃スポーツ（**パラクレー**）も広く認知されています。国内においても、2018年に日本障害者スポーツ射撃連盟（現：『特定非営利活動法人　日本パラ射撃連盟』）パラクレー射撃部会が設立され、健康の保持・促進、社会交流、障害者スポーツの振興、さらに国際大会参加へ向けた活動を行っています。

## ●健常者とハンデ無しで楽しめるスポーツ

パラクレー競技は、車いすの使用など、身体的な補助具を用いる点で健常者のクレー射撃と異なる部分がありますが、使用するクレーや基本ルールは同一です。これは射撃競技が、身体能力よりも集中力や判断力といった精神的な能力に依存するスポーツであるため、身体的障害が競技の成績に直接的なハンディキャップとならないことを意味しています。

クレー射撃を含む射撃競技は、年齢や性別、体格の違いによる差が少なく、多様な参加者にフェアな競技環境を提供する**ユニバーサルスポーツ**としての側面を持ちます。この特性により、射撃競技は幅広い層に受け入れられ、障害の有無にかかわらず、世界中で多くの人々に支持されています。このように、射撃競技は誰もが同じルールの下で競い合うことが可能なスポーツであり、その普及と発展が期待されています。

## ●射撃は〝個性〟に応じてセオリーを作り上げていくスポーツ

クレー射撃の特性として、個々の射手にとって最も効果的な射撃スタイルが異なることが挙げられます。もちろんクレー射撃には「基本的な構え方」や「射撃技術」は存在しますが、最終的に到達するのは〝自分にとって最も当たるスタイル〟を見つけることです。これは射手の体格、身体能力、性格に応じて大きく異なり、さらに年齢を重ねて体力が低下することによっても最適なスタイルは進化していきます。

この点がクレー射撃をユニバーサルスポーツとして特別なものにしている大きな理由です。つまり、障害を持つ人の「障害」は「ハンディキャップ」ではなく、その人の「個性」として捉えることができるということです。このようにクレー射撃は、誰もが平等に楽しめるスポーツとして、世界中で支持されています。

**4**

パラクレー

## ●下半身の障害

　障害が下半身麻痺や欠損の場合は、世界パラ射撃連盟公認の競技種目における『トラップ座位』のカテゴリーで競技が行われます。このカテゴリーでは、車いや腰かけ、高い腰かけなどの射撃いすを使用することができ、ひじ掛けや、ハンドル、サイドポスト、座面パッドやクッションの大きさなどがルールブックで規定されています。障害が片足の欠損などの場合は、『トラップ立位（下肢）』のカテゴリーで競技が行われます。この場合、射撃いすのような器具の使用は認められていません。

　腰より下が動かない障害
の場合は、スイングによる体
の踏ん張りがきかなくなりま
す。そのため射撃いすには、
腰を固定するバンドと、上半
身をねじったときに椅子が動
かないようにする固定装置が
付けられます。

## ●手指の障害

　障害が指や腕の欠損である場合は、義手等の器具の使用が認められています。世界パラ射撃連盟公認の大会では、技術代表によって器具の調査が行われ、承認されることで使用できます。ただしテーブル台やスタンドなど、銃を身体以外の方法で支える器具の使用は認められていません。

　使用する散弾銃の引鉄の改造は認められていません。そのため、引鉄を引く人差し指を欠損している場合は、別の指で引鉄を引けるように銃床やグリップに改造を加えます。これらの改造は銃砲店で加工を依頼するか、銃器メーカーにオーダーメイドで発注します。

**4**

パラクレー

177

## ●腕部の障害

　障害が手指を含めた腕部の場合は、『トラップ立位（上肢）』のカテゴリーで競技が行われます。この競技では、銃を保持するテーブルやスタンドなどの器具は使用できないため、安全かつ正確に射撃ができる姿勢を、射撃指導員と共に模索していくことになります。

## ●運動機能の障害

　脳溢血や脳梗塞などの後遺症による運動障害は、障害がある部位によって『トラップ立位（上肢）』、『トラップ立位（下肢）』または『トラップ座位』のいずれかに分類されます。トラップ立位のルールではどのような障害であれ、体勢を支持するためのいかなる器具も使用できません。

　運動機能障害は、クレーを認識しても体が動くのにタイムラグが出てしまうため、クレー射撃は難しいように思えます。しかし、元トラップ競技の国体選手で、現在はパラクレーの選手である池内数哉さんは、「それぞれの障害に合わせたセオリーを見つけ出せば、決して不可能ではありません」と話します。クレー射撃の上達方法は障害者・健常者によらず、まずは練習を繰り返して〝当たらない〟理由を見つけ出し、一つ一つ順番に克服していくことだといえます。

4
パラクレー

# 7 狩猟

　**狩猟（ハンティング）**は散弾銃を所持している人であれば楽しめるアウトドアスポーツです。クレー射撃とはまったく異なる分野ではありますが、少しでも興味がある人に向けて、狩猟の始め方の概要を解説します。

## ●狩猟免許の取得方法

　狩猟を始めるためには、狩猟免許の取得が必要です。この免許は、あなたの住民票がある都道府県で受験することができ、毎年2回から4回ほどの頻度で開催される狩猟免許試験に合格しなければなりません。

　詳細な情報は、「都道府県名＋狩猟免許試験日程」といったキーワードで検索してください。大抵の都道府県庁ホームページでは、狩猟免許試験の日程、申込方法、必要な書類などが詳しく記載されています。

## ●狩猟免許受験の欠格事由

　狩猟免許試験は銃の所持許可と同じように欠格事由が定められています。この欠格事由に該当する人は試験を受けることができないため、まずは該当していないことを確認しておいてください。

| 狩猟免許試験を受けられない欠格事由 |
|---|
| 狩猟免許試験の日に20歳に満たない者 |
| 精神障害、総合失調症、そううつ病（そう病およびうつ病を含む）、てんかん（軽微なものを除く）などにかかっている者 |
| 麻薬、大麻、あへん又は覚せい剤の中毒者 |
| 自分の行為の是非を判別して行動する能力が欠如、または著しく低い者 |
| 狩猟免許を取り消された日から3年を経過していない者 |
| 鳥獣保護管理法またはその規定による禁止、もしくは制限に違反し、罰金以上の刑に処せられ、その刑の執行を終わり、または執行を受けることができなくなった日から3年を経過していない者 |

## ●狩猟免許試験の申請

　**狩猟免許試験**の申込受付をしているのは、都道府県の鳥獣行政を担当している農林事務局や環境事務局などです。直接提出できない場合は郵送するか、猟友会を通して申請しましょう。猟友会は、まず、インターネットで住んでいる都道府県の猟友会を検索し、そこに電話して最寄りの支部を訪ねてみてください。

　受験申込では、次の書類を事前に用意しておきましょう。すでに散弾銃を所持している人は、2の診断書は不要です。

1. 狩猟免許申請書
2. 医師の診断書（すでに銃の所持許可を受けている人は不要）
3. 住民票など住所地を証する公的な書類
4. 写真1枚（3×2.4cm）
5. 試験手数料 5,200円

**4**

狩猟

　申請書は都道府県政のHP上からダウンロードするか、都道府県内の銃砲店、または猟友会支部で受け取ってください。狩猟免許には、第一種銃猟（装薬銃）、第二種銃猟（空気銃）、わな、網の4種類がありますが、散弾銃を使用して狩猟をする場合は**第一種銃猟**になります。

## ●筆記試験

| 第一種銃猟免許（装薬銃）の出題内容 |
| --- |
| 鳥獣保護管理法に関する問題 |
| 猟具（装薬銃・空気銃）に関する問題 |
| 野生鳥獣に関する問題 |
| 野生動物の保護管理に関する問題 |

　狩猟免許試験は、午前中に筆記試験が行われ、合格であれば午後から適性試験と実技試験が行われます。午前中の筆記試験は、問題数30問選択式で、制限時間90分、70％正答で合格です。問題は主に上表のような内容が出題されます。

　試験の内容は、「狩猟読本」と呼ばれるテキストがベースになっています。また、狩猟免許試験の1カ月から1週間前に、都道府県猟友会ごとに予備講習が開かれています。狩猟免許試験の内容を網羅した参考書＋予想模試のテキストもあるので、しっかりと予習をしておきましょう。

## ●適性試験

　午前中の知識試験（筆記）が終わったら、昼休み中に採点が行われます。午後一に合格者が発表され、合格した人は次の適性試験が行われます。適性試験では視力、聴力、運動能力の3つの試験が行われ、それぞれ次のような合格基準で検査されます。

| 第一種銃猟免許（装薬銃） |
|---|

## 1. 聴力

10メートルの距離で、90デシベルの警音器の音が聞こえる聴力（補聴器により補正された聴力を含む）があること。（**※1m先の踏切の音が聞こえるぐらいの聴力があればOK**）

## 2. 視力

視力が両眼0.7以上であり、かつ、一眼でそれぞれ0.3以上であること。一眼の視力が0.3に満たない者、または一眼しか見えない者については、他眼の視野が左右150度以上で視力が0.7以上であること。（**※眼鏡やコンタクトをかけた状態で0.5あればOK**）

## 3. 運動能力

狩猟を安全に行うことに支障を及ぼすおそれのある四肢、体幹に異常がないこと。異常がある者は、補助手段を講ずることにより狩猟を行うことに支障を及ぼすおそれがないと認められること。（**※屈伸運動、手のグーパー運動、肩回し運動がスムーズにできればOK**）

## ●実技試験

適性試験に合格したら、続いて次のような実技試験が行われます。

| 第一種銃猟免許（装薬銃） |
|---|

1. 目測4問（300m,50m,30m,10m）
2. 散弾銃の点検、分解、結合
3. 散弾銃の射撃姿勢
4. 団体行動時の銃器取扱い
5. 休憩時の銃器取扱い
6. 空気銃の取り扱い
7. 鳥獣判別16問（鳥類・獣類）

**4**

狩猟

実技試験は100点を持ち点とした減点方式で行われ、各項目には減点数が設定されています。最終的に70点以上で合格（31点減点で不合格）です。試験の内容はかなり複雑なので、あらかじめ予備講習を受けて確認しておきましょう。

## ●狩猟者登録申請

　狩猟者免許を取得したら、次に**狩猟者登録**を行います。狩猟者登録は狩猟を行う都道府県に対して、毎猟期（通常11月15日〜2月15日）ごとに狩猟税を支払います。その年度の狩猟者登録は8月中旬ごろから始まるので、都道府県政のHPを確認するか、都道府県猟友会に問い合わせておきましょう。

　狩猟者登録では、下記の書類をそろえて、あなたがその年に狩猟を行いたい都道府県の鳥獣行政担当窓口に提出、または郵送します。

1. 狩猟者登録申請書
2. 第一種銃猟免状
3. 3,000万円以上の損害賠償能力を有することの証明書
4. 写真2枚（縦3cm×横2.4cm）
5. 登録手数料
6. 狩猟税

　1は都道府県政のホームページからダウンロードするか、窓口で用紙を受け取りましょう。

　2は狩猟免状の複製を提出します。この複製は自分でコピーしたものではなく、猟友会を通して提出する必要があります。猟友会を通さないで狩猟者登録を行う場合は、狩猟免状を発行した窓口で交付を受けてください。

　3は3,000万円以上の資産を証明する固定資産証明書や残高証明書、または猟友会の狩猟事故共済保険、民間保険会社の賠償責任保険（ハンター保険）に加入して、その写しを提出します。

　5の登録手数料は、多くの都道府県で1,800円です。都道府県の収入証紙を役場や銀行などで購入して貼り付けます。

　6の狩猟税は、第一種銃猟の場合は16,500円です。

## ●狩猟者登録証とハンターバッヂ

　狩猟者登録が受理されたら、猟期前（猟期中に申請した場合は1，2週間程度）で**狩猟者登録証**と**狩猟者記章（ハンターバッヂ）**が送られてきます。この登録証は狩猟中に携帯し、ハンターバッヂは帽子やジャケットの胸元に付けておかなければなりません。狩猟で散弾銃を持ち出す場合は、射撃競技のときと同じように所持許可証を携帯しておかなければなりません。よって狩猟者登録証は所持許可証と同じケースに入れておくとよいでしょう。

## ●猟期前にはクレー射撃で練習を！

　無事に狩猟者登録まで終わったら、猟期がスタートする前にクレー射撃で射撃の練習を行いましょう！クレー射撃と実際の獲物の動きは大きく違いますが、銃の安全な操作、据銃のスピードや正確な照準、体のスイング、リードを取るテクニックなどのクレー射撃における基本は、狩猟においても重要です。本番までにしっかりと練習をしておき、豊猟を目指しましょう！

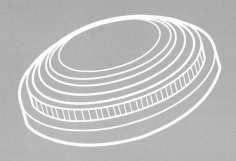

# 散弾銃射撃場
# 一覧

巻末資料

　この章では、参考資料として国内の散弾銃射撃場の一覧（令和5年度時点）を掲載しています。射撃場によっては季節に応じて長期休業する場所もあるため、射撃に訪れる際は事前に状況を確認しておくことが重要です。

# 散弾銃射撃場一覧

T：トラップ　S：スキート　R：ラビット　A：アメリカントラップ
動：ランニングターゲット　静：大口径射撃場　※ライフル射撃場、空気銃射撃場のみの施設は省略

| | 射撃場名 | T | S | R | A | 動 | 静 | 所在地 |
|---|---|---|---|---|---|---|---|---|
| 北海道 | 豊滝クレー | ● | ● | | | | | 札幌市南区 |
| | 北海道栗山国際クレー | ● | ● | | | | | 夕張郡栗山町 |
| | 浦臼国際散弾銃 | ● | ● | | | | | 樺戸郡浦臼町 |
| | 函館七飯総合 | ● | ● | | | | ● | 亀田郡七飯町 |
| | ユーラップ | ● | | | | | | 二海郡八雲町 |
| | 江差支部 | ● | | | | | ● | 檜山郡江差町 |
| | 旭川国際クレー（休業中） | ● | ● | | | | | 旭川市江丹別町 |
| | 道北 | ● | ● | | | | | 名寄市字日進 |
| | 稚内 | ● | | | | | | 稚内市大字声問村 |
| | HAP'1釧路総合 | ● | ● | | | | | 釧路市新野 |
| | 帯広国際クレー | ● | ● | | | | | 河西郡芽室町 |
| | 帯広総合クレー | ● | ● | | | | | 河西郡芽室町 |
| | 北見国際クレー | ● | ● | | | | | 北見市大和 |
| | 網走射撃協会 | ● | | | ● | | ● | 網走市字能取 |
| | 美瑛白金クレー | ● | ● | | | | | 上川郡美瑛町 |
| | 倶知安クレー射撃場 | ● | | | | | | 虻田郡倶知安町 |
| 青森 | 青森散弾銃 | ● | ● | | | | | 青森市大字野沢 |
| | 下北郡猟友会入口クレー | ● | | | | | | 下北郡東通村 |
| | 弘前クレー | ● | ● | | | | | 弘前市大字小栗山 |
| | 八戸 | ● | ● | | | | | 三戸郡南部町 |
| 岩手 | 鶯宿温泉 | ● | ● | | ● | | ● | 岩手郡雫石町 |
| | 矢巾総合 | ● | ● | | | | | 紫波郡矢巾町 |
| | 花巻市クレー | ● | ● | | | | | 花巻市湯口 |
| | 大東町摺沢 | ● | ● | | | | | 一関市大東町 |
| | 北上総合 | ● | ● | | | | | 北上市口内町 |
| | 釜石綜合 | ● | ● | | | | | 釜石市唐丹町 |
| | 宮古指定 | ● | ● | | | | | 宮古市大字津軽石 |
| | 久慈常設 | ● | | | | | | 久慈市大川目町 |
| 宮城 | 仙台綜合 | ● | ● | | | | | 仙台市青葉区 |
| | 宮城県クレー | ● | ● | | | | | 柴田郡村田町 |
| | 鳴子町クレー | ● | ● | | | | | 大崎市鳴子温泉 |
| | 志たかぢや綜合 | ● | ● | | | | ● | 登米市東和町 |
| 秋田 | 大館大子内 | ● | ● | | | | | 大館市大子内 |
| | 北部シーサイド | ● | ● | | | | | 能代市浅内 |
| | 男鹿市脇本クレー | ● | ● | | | | | 男鹿市脇本田谷 |

| | 射撃場名 | T | S | R | A | 動 | 静 | 所在地 |
|---|---|---|---|---|---|---|---|---|
| | 本荘 | ■ | ■ | | | | | 由利本荘市三条 |
| | 秋田県立総合 | ■ | | | | | | 由利本荘市岩城道川 |
| | 鳥海 | ■ | | | | | ■ | 由利本荘市上川内 |
| | 湯沢市クレー | ■ | | | | | | 湯沢市山谷 |
| | 田沢湖クレー射撃場 | ■ | | | | | | 仙北市田沢湖 |
| 山形 | 東根クレー | ■ | ■ | ■ | | | ■ | 東根市大字東根 |
| | 山形県猟友会射撃センター | ■ | ■ | ■ | | | | 最上郡舟形町 |
| | 遊佐町 | ■ | | | | | | 飽海郡遊佐町 |
| | 羽黒 | ■ | | | | | | 鶴岡市羽黒町 |
| | 南陽市赤湯クレー | ■ | | | | | | 南陽市新田 |
| | 米沢猟友会クレー | ■ | | | | | | 米沢市大字長手 |
| | 小国町猟友会 | | | ■ | ■ | | | 西置賜郡小国町 |
| 福島 | 福島市クレー | ■ | ■ | | | | | 福島市小田 |
| | 梁川 | ■ | ■ | | | | | 伊達市梁川町 |
| | 二本松総合 | ■ | ■ | | | | | 二本松市大森沢 |
| | 福島中央国際 | ■ | ■ | | | | | 須賀川市小倉 |
| | 石川常設 | ■ | | | | | | 石川郡石川町 |
| | 矢祭 | ■ | | | | | | 東白川郡矢祭町 |
| | 磐梯国際クレー | ■ | | | | | | 会津若松市河東町 |
| | 喜多方猟友会研修センター | ■ | | | | | | 喜多方市山都町 |
| | 南会津町川島（休業中） | ■ | | | | | | 南会津郡会津町 |
| | いわき総合 | ■ | | | | | ■ | いわき市好間町 |
| | 相馬市初野 | ■ | | | ■ | | | 相馬市初野 |
| | 小野常設 | ■ | | | ■ | | | 田村郡小野町 |
| 茨城 | 茨城県狩猟者研修センター | ■ | | | | | ■ | 笠間市石寺 |
| | 筑波 | ■ | | | | | | つくば市大字大形 |
| | 友部 | ■ | | | | | | 笠間市平町 |
| 栃木 | 栃木県総合 | ■ | | | | | ■ | 宇都宮市新里町 |
| | 足利アップル | ■ | | | ■ | | | 足利市松田町 |
| | ニッコー栃木綜合 | ■ | | ■ | | | | 栃木市尻内町 |
| | 古峰ヶ原 | ■ | | | | | | 鹿沼市草久 |
| | 塩那総合 | ■ | | | | | | 那須塩原市高林 |
| | 那須国際 | ■ | | | | | | 那須郡那須町 |
| | 塩谷 | ■ | | | | | | 塩谷郡塩谷町 |
| 群馬 | 鬼石国際 | | | ■ | | | | 藤岡市譲原 |
| | ぐんまジャイアント総合 | ■ | ■ | ■ | | | | 富岡市桑原 |
| | 群馬県クレー | ■ | ■ | | | | | 安中市中宿 |
| 埼玉 | 百穴 | ■ | ■ | ■ | | | | 比企郡吉見町 |
| | 埼玉県長瀞 | | | | ■ | | | 秩父郡長瀞町 |

| | 射撃場名 | T | S | R | A | 動 | 静 | 所在地 |
|---|---|---|---|---|---|---|---|---|
| 千葉 | 成田 | ■ | | | | | | 印西市山田 |
| | 銚子 | ■ | | | | | | 銚子市森戸町 |
| | 京葉射撃倶楽部 | ■ | ■ | | | | | 市原市犬成 |
| | 千葉県 | | | ■ | ■ | | | 市原市古敷谷 |
| 神奈川 | 神奈川大井 | ■ | | | | | | 足柄上郡大井町 |
| | 神奈川県立伊勢原 | | | | | | ■ | 伊勢原市上粕谷 |
| 新潟 | 新津クレー | ■ | | | | | | 新潟市秋葉区 |
| | 巻 | ■ | | | | | | 新潟市西蒲区 |
| | 長岡国際 | ■ | ■ | | | | | 長岡市大積町 |
| | 柏崎 | ■ | | | | | | 柏崎市鯨波 |
| | まつだい | ■ | ■ | | | | | 十日町市松代 |
| 山梨 | 下部 | ■ | | | | | | 南巨摩郡身延町 |
| | 都留市鹿留 | ■ | | | | | | 都留市鹿留 |
| | 富士五湖 | ■ | | | | | | 南都留郡忍野村 |
| | 大月国際 | ■ | | | | | | 大月市猿橋町 |
| 長野 | 長野 | ■ | | | | | ■ | 長野市大字広瀬 |
| | 中野総合教習 | ■ | | | | | | 中野市大字田上 |
| | 菅平 | ■ | | | | | ■ | 上田市菅平高原 |
| | 佐久平国際 | ■ | | | | | | 佐久市内山 |
| | 長野県営総合 | ■ | ■ | | ■ | | | 上伊那郡辰野町 |
| | 飯田国際 | ■ | | | | | ■ | 飯田市大瀬木 |
| | 木曽国際 | ■ | | | | | ■ | 木曽郡上松町 |
| | 寿スキート | | ■ | | | | | 松本市寿白瀬渕 |
| | 中信国際 | | ■ | | | | | 安曇野市豊科 |
| | 大町総合 | ■ | | | | | | 大町市大町 |
| 静岡 | 須山クレー | ■ | | | | | | 裾野市須山 |
| | 富士国際岩本山 | | | | | ■ | ■ | 富士市岩本 |
| | 静岡クレー | ■ | | | | | | 静岡市駿河区 |
| | 袋井クレー | ■ | ■ | | | | | 袋井市堀越 |
| | 西富士ライフル | | | ■ | ■ | | | 富士宮市猪之頭 |
| | 水窪射撃技術訓練センター | | ■ | | | | ■ | 浜松市天竜区水窪町 |
| 富山 | 南砺市クレー | ■ | ■ | | | | | 南砺市才川七 |
| 石川 | 加賀散弾銃 | ■ | | | | | | 加賀市分校町 |
| 福井 | 福井県立クレー | ■ | | | | | | 勝山市野向町 |
| 岐阜 | 揖斐教習 | ■ | | | | | ■ | 揖斐郡揖斐川町 |
| | 関国際 | ■ | | | | | | 関市池尻 |
| | 土岐市総合 | ■ | | | | | ■ | 土岐市妻木町 |
| | 美女高原 | ■ | | | | | | 高山市朝日町 |
| | 郡上総合 | ■ | ■ | | | | | 郡上市大和町 |

| | 射撃場名 | T | S | R | A | 動 | 静 | 所在地 |
|---|---|---|---|---|---|---|---|---|
| | 恵那市 | | | | | ■ | | 恵那市大井町 |
| | 白川 | ■ | | | | | | 加茂郡白川町 |
| 愛 | 藤川常設 | ■ | ■ | | | | | 岡崎市藤川町 |
| 知 | 愛知県総合 | ■ | ■ | | | | ■ | 豊田市宇連野町 |
| 三重 | 三重県上野 | ■ | | | | | | 伊賀市蓮池 |
| 京 | 京都笠取国際 | ■ | | | | ■ | | 宇治市西笠取 |
| | 京都府 | ■ | ■ | ■ | ■ | | | 京都市右京区京北細野町 |
| 都 | 京北綜合 | ■ | ■ | ■ | ■ | | | 京都市右京区京北下町 |
| | 岩屋 | ■ | ■ | ■ | | | | 与謝郡与謝野町 |
| 大 | 高槻国際 | ■ | ■ | ■ | | ■ | | 高槻市原桃山 |
| | 岸和田国際 | ■ | ■ | ■ | | | | 岸和田市大沢町 |
| 阪 | 大阪総合 | ■ | ■ | ■ | | | ■ | 泉南市新家 |
| 兵 | 須磨綜合 | ■ | ■ | | | ■ | | 神戸市西区伊川谷町 |
| 庫 | 上郡クレー | ■ | | | | ■ | | 赤穂郡上郡町 |
| 和歌山 | 田辺 | ■ | | | | ■ | | 田辺市稲成町 |
| 鳥 | 米子国際 | ■ | ■ | ■ | | | | 西伯郡南部町 |
| | 鳥取クレー | ■ | ■ | | | | | 鳥取市覚寺 |
| 取 | 倉吉市営 | ■ | | | | ■ | | 倉吉市葵町 |
| 島 | 島根大東クレー | ■ | ■ | ■ | ■ | | | 雲南市大東町 |
| | 太田市猟友会クレー | ■ | | | | | | 太田市富山町 |
| 根 | 浜田 | ■ | | | | | | 浜田市後野町 |
| | 隠岐島猟友会飯の山 | ■ | | | | | | 隠岐市隠岐の山町 |
| 岡 | 岡山県クレー | ■ | ■ | ■ | | | | 岡山市北区 |
| | 倉敷国際 | ■ | ■ | ■ | | ■ | | 倉敷市福田町 |
| 山 | 湯原国際 | ■ | | | | | ■ | 真庭市仲間 |
| 広 | 広島国際 | ■ | ■ | ■ | | | | 安芸高田市八千代町 |
| | 甲山国際 | ■ | ■ | ■ | | | | 世羅郡世羅町 |
| 島 | 東城国際 | ■ | | | | | ■ | 庄原市東城町 |
| 山 | 鹿野 | ■ | | | | | | 周南市鹿野下 |
| | 萩クレー | ■ | | | | ■ | | 萩市山田 |
| 口 | 下関国際総合 | ■ | ■ | ■ | ■ | | ■ | 下関市大字蒲生野 |
| 徳 | 大神子 | ■ | | | | ■ | | 徳島市大原町 |
| | 一宮 | ■ | | | | | ■ | 徳島市一宮町 |
| 島 | 鷲敷 | ■ | ■ | | | ■ | | 那賀郡那賀町 |
| 香川 | 高松国際 | ■ | | | | ■ | | 高松市国分町 |
| 愛 | 四国中央 | ■ | ■ | | | | ■ | 四国中央市金生町 |
| | 東予クレー | ■ | | | | | ■ | 西条市小松町 |
| 媛 | 犬寄国際クレー | ■ | | | | | ■ | 伊予市双海町 |
| | 松山総合クレー | ■ | ■ | | | | ■ | 伊予郡砥部町 |

| | 射撃場名 | T | S | R | A | 動 | 静 | 所在地 |
|---|---|---|---|---|---|---|---|---|
| | 鬼北クレー | | ■ | ■ | | ■ | | 北宇和郡鬼北町 |
| 高知 | ミロク高知 | | ■ | ■ | | | ■ | 安芸郡芸西村 |
| | 高知クレー | ■ | ■ | ■ | | | ■ | 香美郡土佐山田町 |
| | 佐川 | | ■ | ■ | | | | 高岡郡佐川町 |
| | 北幡 | | | ■ | ■ | | | 高岡郡四万十町 |
| | 竹村クレー | | ■ | ■ | ■ | | | 四万十市山路中和田 |
| 福岡 | 福岡県立総合 | ■ | ■ | ■ | ■ | | | 筑紫野市大字袖須原 |
| 佐賀 | 佐賀県射撃研修センター | ■ | ■ | ■ | | | ■ | 佐賀市大和町 |
| | 鳥栖クレー（休業中） | | ■ | ■ | | | | 鳥栖市山都町 |
| 長崎 | 長崎クレー | | ■ | ■ | | | | 長崎市琴海形上町 |
| 熊本 | 玉名クレー | | ■ | | | | | 玉名市石貫 |
| | 熊本クレー | | ■ | ■ | | | | 熊本市富合町 |
| | 八代日奈久 | | ■ | | | | | 八代市日奈久新田町 |
| | 芦北町営湯浦温泉 | | | ■ | ■ | | | 葦北郡芦北町 |
| | 人吉クレー | | ■ | | | | | 人吉市上林町 |
| | 上球磨 | | ■ | | | | | 球磨郡多良木町 |
| 大分 | 別府市営湯山クレー | | ■ | ■ | | | | 別府市大字野田 |
| | 玖珠群クレー | | ■ | ■ | | | | 玖珠郡玖珠町 |
| | 大分 | | | ■ | ■ | | ■ | 豊後大野市犬飼町 |
| 宮崎 | 遠山クレー | | ■ | ■ | | | | 宮崎市大字広原 |
| | 上村クレー | | ■ | ■ | | | | 南那珂郡北郷町 |
| | 日向石川クレー | | ■ | ■ | | | | 日向市西川内 |
| | 延岡 | | | ■ | | | | 延岡市愛宕山横谷 |
| 鹿児島 | 鹿児島 | | ■ | ■ | | | | 鹿児島市犬迫町 |
| | 加治木クレー | | ■ | | | | | 姶良郡加治木町 |
| 沖縄 | なし | | | | | | | |

※引用元：一般社団法人全日本指定射撃場協会 HP　http://shajoukyo.ciao.jp
　　　　　Fun Clay Shooting　https://funcs.fun

**参考文献**

散弾銃射撃教本（一般社団法人全日本指定射撃場協会）
飛行標的射撃実習教本（一般社団法人全日本指定射撃場協会）
猟銃等取扱いの知識と実際（一般社団法人全日本指定射撃場協会）
猟銃等取扱読本（一般社団法人全日本指定射撃場協会）
Clay Shooting for Beginners and Enthusiasts（John King（2011/6））
Breaking Clays（Chris Batha：Stackpole Books（2005/6））

## あいさつ

　1996年に大動脈瘤破裂症にかかり、生死の境をさまよった約8カ月間の入院生活の間、私は、家族、友人、地域活動の人たちの暖かい気持ちに見守られ、これまでの人生に悔いは無いと思っていました。ただ、意識が戻り気付いたとき、自分の体の自由が効かないことに愕然としました。そんなとき看護婦長さんの紹介で、病院内の重度障害者の患者さんたちをみて、出来ることはすべて自分ですることを心がけ、車いす生活が始まりました。

　入院生活では重度障害者人たちと接し、思ったことは前を向いて進んでいくことが大切なことだと思い、退院直後より水泳を始めるきっかけとなりました。

　障害者がスポーツで記録を残すには、まず自分を追い詰め、悔いを残さないという思いをいかにすべて出し切れるかが重要です。コンディションの調整などはものすごく難しく、自分自身だけではなかなかできることではありません。周囲の監督、コーチとの常日頃のやりとりからルーティンの確立、選手としての感覚を磨き、競技に集中する中でもワクワクドキドキする感覚を持って臨むのが大切だと思います。なによりも、障害の程度に関わらず、障害の無い人の何十倍も努力する必要がありました。

　現在はパラリンピックでの正式種目を目指して活動しています。日本も種目化が決まってからメンバーを組んでも遅いので、今から選手を育成強化し、世界に準じるレベルにしておきたいという目標が情熱となって、自分を支えています。

　現在、指導に情熱を注いでくださる最高のコーチ陣に囲まれて競技ができているので、恩返しをしたい気持ちも大きいです。私は常に人生の道ということを考えてこれまで生きてきました。これからも新しい道づくりに邁進していく所存です。

## 監修：浜村　敏弘

(特定非営利活動法人　日本パラ射撃連盟　同連盟パラクレー射撃部顧問)

出雲市知井宮町出身。出雲工業高校卒業後、家業の石材店を継ぐ。1996年に大動脈瘤破裂症にかかり、車いす生活に。97年に水泳を始め、2000年シドニーパラリンピックに出場。01年にエアライフル・15年にクレー射撃を始めた。18年に発足した日本障害者スポーツ射撃連盟パラクレー射撃部会の部会長に就任。現在は顧問となり、パラクレーのパラリンピック正式種目化を目指し奮闘中。

## 著者：東雲　輝之 (しののめ　てるゆき)

1985年生まれ。狩猟、ニホンミツバチ養蜂、釣り、スピアフィッシングなど、獲って食べる"キャッチ＆イート"を中心に活動するアウトドアライター。罠猟をもっと身近にする『罠シェアリング』や、エアライフルショッピングサイト『エアライフルジャパン』、狩猟ポータルサイト『新狩猟世界』などを運営。

協力者一覧（順不同）

公益社団法人日本クレー射撃協会
特定非営利活動法人　日本パラ射撃連盟　パラクレー射撃部会
一般社団法人全日本指定射撃場協会
一般社団法人日本猟用資材工業会
あくあぐりーん銃砲店
株式会社サイトロンジャパン

当書籍の内容については著者の見解であり、文責は著者に帰属します。
当書籍の個々の内容につきましては見解が分かれるものも少なからずあります。
ご協力いただきました個人・企業・団体様には、ご厚意での取材へのご対応、資料等のご提供を頂いております。
必ずしもご協力者各位の見解が当書籍の内容と一致しているわけではない、ということをご理解くださいますようお願いいたします。

# イラストマニュアル・
# はじめてのクレー射撃 [第2版]

| | |
|---|---|
| 発行日　2024年 6月20日 | 第1版第1刷 |

著　者　東雲 輝之（しののめ てるゆき）

発行者　斉藤　和邦
発行所　株式会社　秀和システム
　　　　〒135-0016
　　　　東京都江東区東陽2-4-2　新宮ビル2F
　　　　Tel 03-6264-3105（販売）Fax 03-6264-3094
印刷所　株式会社シナノ　　　　Printed in Japan

ISBN978-4-7980-7276-0 C0075

定価はカバーに表示してあります。
乱丁本・落丁本はお取りかえいたします。
本書に関するご質問については、ご質問の内容と住所、氏名、電話番号を明記のうえ、当社編集部宛FAXまたは書面にてお送りください。お電話によるご質問は受け付けておりませんのであらかじめご了承ください。